ERISTISCHE DIALEKTIK

ARTHUR SCHOPENHAUER

Originally written in German under the title Eristische Dialektik
by Arthur Schopenhauer.

이메일 vegabooks@naver.com **홈페이지** www.vegabooks.co.kr
블로그 http://blog.naver.com/vegabooks
인스타그램 @vegabooks **페이스북** @VegaBooksCo

항상 옳을 순 없어도 항상 이길 수는 있습니다

쇼펜하우어 대화의 기술

아르투어 쇼펜하우어 지음 | 권기대 옮김

베가북스
VegaBooks

옮긴이의 글

안개작전을 써먹어라?

상대를 은근히 '비호감'으로 만들어라?

상반되는 두 명제로 상대를 조종하라?

불리해지면 '삼천포로 빠져라?'

우격다짐 식으로 결론을 이끌어내라?

지구촌 여기저기서 최근 들어 소위 '막말'로 대중의 인기를 누리고 있는 정치인들의 입에서 나온 말이라면, 뭐, 그러려니 하고 넘어갈 수도 있을 것이다. 하지만 19세기 독일 철학의 대표자 가운데 한 명으로 추켜세워도 좋을 쇼펜하우어의 토론술이 저러하다면, 어느 누가 선뜻 믿을 것인가! 하지만 당신들이 믿든 말든 이것은 염세주의라는 인생관을 하나의 '이즘'으로서 우리에게 남겨놓은 철학자 아르투어 쇼펜하우어의 '반드시 이기고야 마는' 논쟁 기술 38항목에서 발췌한 것이다. 그리고 이 기술들은 '눈알이 휙 휙 돌아가도록' 정신없이 바쁜 21세기에도 고스란히 적용될 수 있을 정도로 'relevant한'(연관성이 깊어 적용 가능한) 삶의 지혜이니, 정신 바짝 차려 읽고 터득해서 활용하기를 바란다.

하지만 행여 당신들이 이 책의 내용을 확대해석하기, 딴청부리기, 말꼬리 잡기, 인신공격하기, 불리하면 삼십육계 등등의 싸구려 논쟁술로 섣불리 깎아내릴까 두려워 미리 하는 말인데, 천만의 말씀, 여기에는 인간의 본성에 대한 심오한 탐구와 해석을 바탕으로 한 노 철학자의 지혜롭고 예리한 통찰이 번득이고 있다. 다른 말로 표현하자면 이 책에 담긴 쇼펜하우어의 38가지 대화법 혹은 논쟁술은 인간의 본능과 욕망과 사악한(!) 본성과 취향과 반사작용 등에 대한 오랜 사색과 예지가 있어야만 비로소 가능한 가르침이란 얘기다. 다소 정제되지 않은 표현이나 토론의 사례가 등장하는 경우도 없진 않지만, 고대 그리스인들의 수사학에서부터 당대의 정치–과학–문학 등 여러 분야를 넘나드는 저자의 활달하고 거침없는 해박함이 얼마든지 그것을 덮어주고도 남을 것이다.

이 책은 쇼펜하우어가 사망한 지 4년 만에 비로소 《Eristische Dialektik》이란 제목을 달고 출간되어 세상에 알려진 그의 유작이다. '논쟁적 토론술'이라는 뜻을 지닌 이 책 세목이 당대에도 흔히 사용되지 않는 용어였던 듯, 쇼펜하우어는 '논쟁적 토론술'이 정확히 어떤 것인지를 설명하는 데 책의 상당 부분을 할애하고 있다. 그리고 뒤이어 논쟁에서 승리하기 위해 사용할 수 있는 38가지의 'rhetorische Kunstgriffe(수사학적 요령 혹은 기법)'을 소개한다.

아무튼 저술된 지 160년 가까이 된 책임에도 불구하고 그 내용은 믿기가 어려울 정도로 현대적인 울림을 담고 있다. 마치 손자병법을 읽는 기분이랑 흡사한 느낌을 준다. 그래서 쇼펜하우어의 대화법 38은 동서고금을 아우르는 진리의 말씀이라 해도 부끄럽지 않은 것이다. 1991년 이탈리아에서 번역 출간되었던 이 책은 그해에만 15만 부가 팔리는 이변을 낳았다는 기록도 있다. 쇼펜하우어가 당시 독일 철학의 주류를 이끌고 있던 헤겔을 "어설픈 돌팔이", "협잡꾼"으로 부르면서 첨예하게 대립했던 사실은 이미 널리 알려져 있거니와, 바로 그 헤겔 및 그의 도당이 구사하는 교묘한 수사학에 대적하기 위해서 이 책을 쓰게 되었다는 '탄생 비화'도 있다.

우리나라에서도 물론 이 작품은 이런저런 서로 다른 제목을 달고 몇 차례 출간되었다. 쇼펜하우어라는 이름의 힘이었을까, 그럭저럭 독자들의 관심도 끌어모은 것 같다. 그렇지만 문제가 한 가지 있었다. 지금까지의 번역 작품은 늘 이런 피드백에 시달려야 했다. "아무리 꼼꼼하게 읽어도 도대체 무슨 이야기를 하고 싶은 건지 잘 모르겠네요!" 정말 그런가 싶어, 앞서 출간된 작품들을 읽어 봤다. 과연 그랬다. 원서와 대조해 봐도 딱히 오역이라고 지적할 데는 별로 많지 않은데, 말이야 바른 말이지, 무슨 이야기를 전하고 싶은 건지 선뜻 이해가 되지 않았다. 내가 보기엔, 내용과 형식이 각각 따로 놀고 있었기 때문이다. 본문의 주된 내용인 38가지 논쟁의 기술들은 다이내믹하고 현실적이며 실용적인 콘텐츠인데,

그걸 전해주는 형식, 즉, 논리학 용어나 철학 개념이나 현학적이고 형이상학적이기까지 한 문장의 틀 따위가 통 일반 독자들의 머리로는 쉽사리 이해되지 않는 것이었다. 게다가 독자의 이해를 돕기 위해 쇼펜하우어가 직접 제시해놓은 논쟁의 몇몇 사례조차 현대인의 피부에 와 닿기가 쉽지 않은 고색창연한 대화였다.

나는 무엇보다 원서의 내용을 정확하게 파악한 다음, 그 의도를 왜곡시키지 않는 범위 내에서 '가장 쉽게' 읽히는 번역을 지향했다. 책의 주제도 토론/대화/논쟁이지만, 나의 번역 스타일 또한 우리가 일상생활에서 스스럼없이 주고받는 말투에 가장 가깝게 감으로써 저자가 말하고자 하는 바를 자연스럽게 (따라서 오해 없이 쉽게) 전하자! 그것을 목적으로 설정했다. 그리고 콘텐트의 현실감을 높이기 위해서 저자가 제시한 사례 외에도 현대인들이 재미있게 볼 수 있는 사례와 그림을 함께 덧붙였다. 이로 인해 내용의 이해는 물론이거니와 읽는 재미 또한 몇 배로 커지기를 기대해본다.

쇼펜하우어의 조국인 독일에서도 이 작품은 그동안 열 손가락으로 헤아릴 수 없으리만치 다양한 제목과 편집으로 출간되어왔다. 그 가운데 내가 이 책 《항상 옳을 순 없어도 항상 이길 수는 있습니다》를 위해 주로 참조한 것은 Anaconda에서 펴낸 《Die Kunst, recht zu behalten: In achtunddreißig Kunstgriffen dargestellt》이었다.

물론 이 책은 고상하고 점잖은 대화의 가이드북이 아니다. 일단 '말싸움'이 벌어지면 무슨 방법을 동원하든 상대방에게 이겨야 한다는 절박한 현실적 요구가 바닥에 깔린, 말하자면 적나라한 '전투 교본'이요 '필승전략'이다. 그리고 그 뒤에는 필연적으로 "논쟁의 근원적 목표는 어느 편의 주장이 진실이냐를 가리는 것이 아니라, '내'가 주장하는 논거가 옳은 것으로 받아들여지도록 모든 대화의 전략을 동원해서 이기는 것"이라는 전제가 버티고 있다. 이 책은 윤리나 도덕을 가르치는 경전이 아니기 때문이다. 특히 '토론공화국'이라는 자조 섞인 별명이 붙을 정도로 말싸움이 난무하는 사회임에도 합리적인 토론문화가 자라나지 못했고 이렇다 할 수사학이나 논술 이론서도 없는 우리의 현실에서, 철학적 고찰을 바탕으로 쇼펜하우어가 제시하는 실용적인 토론 기술들은 사뭇 중대한 의미를 지닌다. '내'가 그러한 요령들을 써먹을 수 있을 뿐만 아니라, 나의 '상대방'이 그런 기술을 구사할 때 적절하게 대처하고 극복하는 방법까지 배울 수 있기 때문이다.

누구나 살아가면서 한두 번쯤은 '일생일대의 논쟁,' 결코 양보할 수 없고 져서는 안 될 논쟁에 휘말릴 수 있다. 이제부터 펼쳐질 쇼펜하우어의 이기는 대화법 38을 지저분한 트릭으로 여기거나 야비한 말재주로 허투루 봐서는 안 된다. 오히려 토론술의 마키아벨리즘으로 포용해야 할 것이다. 그의 전략들이 인간의 사악한 본성에서 기인하였다 한들, 그게 무슨 상관이랴? 어차피 선악과 암흑의 양면성을 지닐 수밖에 없는 필멸의 존재로서 살아야 하는 인간인데. 읽어보라. 읽고 나면 당신들도 깨닫게 되리라. 이것은 단순히 말싸움에서 잔재주로 승리를 따내기 위한 기만책이 아니라,

철학적 사고에서 태어난 생존의 지혜라는 것을. 비록 쇼펜하우어가 썩 입맛 당기지 않는 염세주의라는 사상의 원조이긴 하지만, 그야말로 헤겔을 위시한 숱한 '책상머리' 철학자들과는 달리, 인간의 실제적인 삶에 두 발을 굳건히 딛고 있던 현자였음을.

2023년 11월 서울에서
옮긴이 권기대

목차

넷 '내가, 항상 옳을 수 있는 38가지 논쟁의 법칙 ▶**승리하라**

이 책은 사후 발행된 독일어 원전《*Eristische Dialektik*》을 따랐으므로, 저자가 소개한 개념어와 참고도서 등의 단어는 모두 독일어로 표기했음을 알려드립니다.

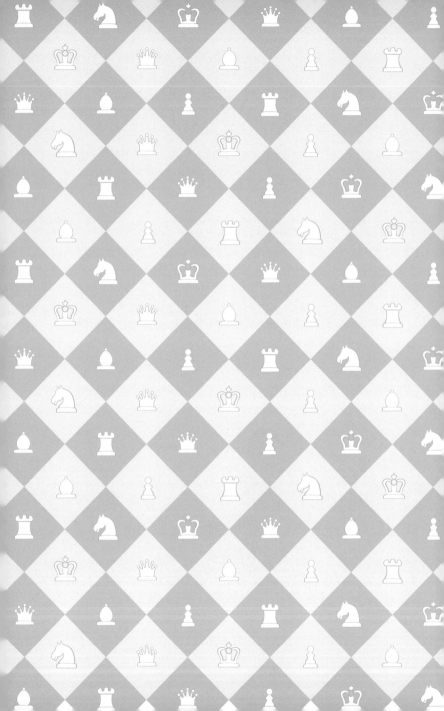

하나

모든 토론술의
튼튼한 기반

논쟁의 본질

우리는 무엇보다도 먼저 논쟁의 본질이 무엇인지를 간파해야 한다. 즉 실제로 논쟁에서 무슨 일이 벌어지고 있는지를 파악해야 한다는 얘기다.

상대방이 나에게 하나의 논제These를 제시했다고 하자. 혹은 내가 상대방에게 논제를 제시해도 마찬가지다. 논제를 반박하는 데는 두 가지 화법Modus과 두 가지 방식이 있다.

[1] 우선 두 가지 화법이란,

a. 그 논제 자체에 초점을 맞추는(ad rem) 화법과

b. 논쟁의 상대방(사람)에 초점을 맞추는(ad hominem) 화법, 혹은 상대방이 시인(인정)한 사실에 바탕을 두는(ex concessis) 화법을 말한다.

첫 번째 화법은 상대방이 내세우는 명제가 사리에 맞지 않는다는 것, 즉, 절대적이고 객관적인 진리와 부합하지 않는다는 점을

보여주는 것이다. 두 번째 화법은 그의 명제가 앞서 그가 주장했거나 시인한 내용과 맞지 않는다는 점, 즉 상대적이고 주관적인 진리와 부합하지 않는다는 점을 내가 보여주는 것이다. 이 화법은 상대적인 입증이기 때문에 객관적인 진리와는 아무런 상관이 없다.

[2] 두 가지 방식이란, 직접적인 반박과 간접적인 반박을 가리킨다.

직접적인 반박은 상대방이 주장하는 근거를 공격하는 것이고, 간접적인 반박은 상대방의 주장이 가져올 결과를 공격하는 것이다. 달리 표현하자면 직접적인 반박은 상대방의 주장이 옳지 않다는 것을 보여주는 것이며, 간접적인 반박은 상대방의 주장이 '옳지 않을 수 있음'을 보여주는 것이다.

a. 직접적인 반박의 경우 두 가지를 할 수 있다. 우선 상대방이 주장하는 근거가 틀렸음을 보여줄 수 있다. 그러니까 상대방이 내세우는 대전제라든지 소전제를 문제 삼을 수 있다는 얘기다. 아니면 상대방이 주장하는 근거는 인정해주되 그러한 근거의 결과로는 상대방의 주장이 도출될 수는 없다는 것을 보여줄 수 있다. 이 경우는 상대방의 추론과정을 문제 삼는 것으로, 이렇게 함으로써 논리적인 귀결 혹은 결론에 이르는 방식을 공격하는 셈이다.

b. 간접적인 반박의 경우 간접반증과 단순반증 가운데 하나를 이용한다.

1) 간접반증: 상대방의 명제를 일단 옳은 것으로 받아들인다. 그

런 다음, 무엇이든 이미 옳다고 인정된 명제와 관련해서 상대방이 내세운 명제를 전제로 삼아 결론을 이끌어내려는 시도 끝에 과연 어떤 결과가 나오는지를 보여주는 것이다. 그렇게 되면 상대방의 결론이 사물의 이치와 모순되거나 자신의 다른 주장들과 어긋난 다는 점에서, 명백하게 잘못된 결론이 도출된다. 그러므로 논제 자체에 초점을 맞추든 논쟁의 상대방에게 초점을 맞추든 그 결론은 모두 거짓이 된다. (플라톤의 저서 《대 히피아스 *Hippias Major*》와 다른 대화편에 등장하는 소크라테스를 보라.) 따라서 상대방의 명제 자체도 틀렸음이 드러난다. 왜냐하면, 전제가 옳은 경우엔 거기서 도출된 명제도 반드시 옳지만, 잘못된 전제에서는 항상 잘못된 명제만 도출되는 것이 아니기 때문이다.

2) 단순반증: 상대방이 주장한 개념에 포함된 여러 내용 하나하나를 개별적으로 직접 입증함으로써 상대방 주장의 보편적인 명제를 반박하는 것이다. 결국 이런 개별적 입증을 통해 상대방의 명제는 타당하지 않고, 따라서 그 자체로 상대의 주장이 틀림없이 잘못이라는 것을 보여주는 방법이다.

이것이 바로 모든 논쟁의 기본 골격이요, 뼈대다. 다시 말해서 지금 우리가 접하는 내용은 논쟁에 관한 '골 해부학'이라고나 할까. 근본적으로 모든 논쟁이 바로 이 뼈대로 귀결하기 때문이다. 그러나 이 모든 것은 실제로 그럴 수도 있지만, 그냥 겉으로만 그렇게 보이는 것일 수도 있어서 올바른 근거를 갖고서 논쟁이 이루어질 수도 있고, 옳지 못한 근거로써 이루어질 수도 있다. 그리고 이에 대해서는 어떤 것이 확실하다고 쉽사리 단정할 수 없으므로, 논쟁이란 건 그처럼 길고도 끈질기게 늘어지는 것이다.

누가 시킨다 해도 우리는 옳은 것과 옳은 것처럼 보이는 것을 또렷이 구분할 수가 없다. 논쟁을 벌이고 있는 사람조차 절대로 확실하게 미리 알 수 없으니 어쩌겠는가. 그러므로 나는 객관적으로 옳은가 혹은 그른가를 고려하지 않고서, 단순히 '논쟁의 기술'만을 제공하려고 한다. 왜냐하면, 사실의 진위는 논쟁을 벌이는 사람 자신도 확실하게 알 수 없고, 논쟁을 통해서 비로소 가려져야 하기 때문이다.

한 마디만 덧붙이겠다. 어떤 논쟁에서건 우리는 서로가 합의한 특정한 접점이 있어야 한다. 그런 합의점에 기반을 두고서 양자가 당면한 문제를 판단하고자 할 것이기 때문이다. 내가 제시하는 원칙을 하나하나 모조리 문제 삼는 사람과 도무지 무슨 논쟁을 벌일 수 있겠는가 말이다.

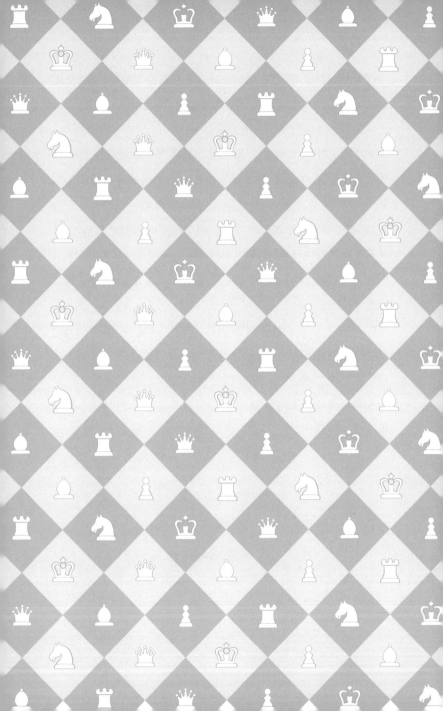

'내가 항상 옳을' 수 있는
38가지 논쟁의 법칙

공격하라

법칙 01

질문을 퍼부어
상대의 양보를 얻어내라

논쟁이 다소 엄격하고 딱딱하게 진행되는 상황에서 상대방에게 나의 의견을 정확하고 또렷하게 이해시키고자 한다면, 주장을 내세우고 입증해야 하는 나는 상대방에게 질문을 던지는 식으로 나아가야 한다. 이것은 상대방이 스스로 양보하는 것이나 인정하는 내용을 근거로 하여 내 주장이 옳다는 결론을 이끌어내기 위한 방법이다.

이처럼 수사의문修辭疑問을 던지는 것은 고대의 철학자들이 애용하던 방법이기 때문에 '소크라테스식 방법'이라고 불리기도 한다 (수사의문은 답을 얻기 위해서 질문을 던지는 게 아니라, 어떤 논점을 주장하기 위해 물음의 형식을 사용하는 것을 뜻한다 — 옮긴이). 이 기술을 비롯하여 뒤에 나오는 몇몇 기술은 바로 이 수사의문 방식과 연관된다.(이 법칙들은 필자가 아리스토텔레스의 저서 《궤변적인 논박De Sophisticis Elenchis》 제 15장의 내용에 의거해서 내 나름대로 자유롭게 손질한 것이다.)

실제로 내가 상대방으로부터 얻어내려고 하는 양보(인정)가 무엇인지를 숨기기 위해서는 느닷없이 마구잡이로 이것저것 질문을 던지는 것이 좋다. 그러면서 다른 한편으로는 상대방이 양보(인정)한 것을 바탕으로 한 논증을 재빨리 이어나가야 한다. 왜냐하면 이해가 느린 사람들은 내가 하는 말을 정확하게 따라올 수가 없고, 내 주장을 펴나가는 과정에서 생길 수 있는 잘못이나 허점을 파악하지 못하고 놓쳐버리기 때문이다.

담배값을 인상하는 것은 실질적인 증세 아닌가요?
다른 정책에서 부족한 세원을 마련하기 위한 용도라고
밖에 볼 수 없잖아요?

가격이 인상되면 금연율도 오르고
국민건강도 좋아집니다.

국민건강이 좋아진다는데 반대할 사람이 누가 있습니까?
결국 가격 인상 이유는 국민 건강을 위해서입니까?

네. 비싸면 부담되서 구입도
망설일 것이고...

담배값을 올리는 이유가 금연을 위해서라고 하셨는데요.
지금까지 통계를 보면 금연율 대비 증세효과가 엄청난데,
국민건강을 위해서 가격 인상 외에 어떤 노력이 있습니까?

서민에 대해서는 역진세 현상이 나타나고 있는데,
이에 대한 대책은 있습니까?

담배광고는 왜 규제하지 않죠?

담뱃잎 재배 농민들의 생계에 관한 대안은 있습니까?

상대가 화를
내도록 유도하라

상대방이 화를 내도록 도발한다. 인간은 화가 나면 올바른 판단을 할 수도 없고, 자기가 선점한 유리한 고지조차도 깨닫지 못하기 때문이다. 어떻게 하면 상대방의 화를 돋울 수 있을까? 상대방에 대해 드러내놓고 부당한 평가를 한다든지, 말로 괴롭힌다든지, 아무튼 그냥 뻔뻔스럽게 대하면 된다.

기본적인 개념도
공부하지 않고 말하니
이해가 잘 안 되는군요.
게다가 단어조차 틀렸어요.
그 정도는 미리 알고 얘기해야지요.
좋은 책이 있으니
한 권 보내드리지요.

......

상대가 발끈하면
바로 거기가 약점!

상대방이 어떤 논리를 펼쳐나가다가 느닷없이 성질을 부리거나 화를 내면, 나는 바로 그 논거를 물고 늘어져 끈질기게 파고들어야 한다. 왜냐하면, 단순하게 보더라도 상대방의 화를 돋우는 것이 나한테 유리할 뿐만 아니라, 내가 상대방 생각의 흐름 가운데 약점을 건드렸다고도 볼 수 있기 때문이다. 그렇게 함으로써 겉으로 드러나는 것보다 훨씬 더 심각한 타격을 줄 수 있기 때문이다.

유식하게 들리는
허튼소리를 쏟아내라

아무 의미 없는 말을 폭포수처럼 쏟아부음으로써 상대방을 아연실색하게 하고, 얼을 빼놓는 기술이다. 이 기술의 근거는 아래와 같다.

> 보통 인간들은 무슨 말을 듣기만 해도
> 그 속에 무언가 생각할 것이 있다고 믿지요.
> 《파우스트》(요한 볼프강 폰 괴테, 제1부 pp. 2565-2566)

상대방이 은연중에 자신의 약점을 의식하고 있거나, 이해하지도 못하는 여러 가지 이야기를 듣고서 마치 잘 알아들은 척하는 데 익숙한 사람일 수 있다. 그러면 나는 유식하게 들리거나 의미심장하게 들리는 허튼소리 즉, 상대방이 생각할 시도조차 못 할 허튼소리를 아주 진지한 태도로 떠벌리고, 또 그것이 마치 내 견해의 명백한 증거라고 내세움으로써, 그에게 깊은 인상을 심어줄 수 있다.

최근 몇몇 철학자들이 독일 전역의 청중을 대상으로 하여 바로 이 기술을 매우 성공적으로 사용했다는 것은 이미 널리 알려진 사실이다.

"엥겔지수 25% 이하의 일부 상류층이 조세법률주의에도 불구하고 탈세로 부를 축적하는 작금의 현상은 건전한 일반인의 통념에 비추어볼 때 수인한도를 넘어섰고, 결과적으로 사회공동체가 지향하는 사회 모습과 정서적으로 큰 간극을 초래하고 있습니다."

무슨 말인지 모르겠지만

왠지 멋있어!

내 주장에 유리한 비유를
재빨리 찾아내라

아직 고유의 명칭이 없어서 그저 비근한 직접적 비유를 통해 묘사해야 하는 보편적인 개념에 관해 논쟁이 벌어진다면, 내 주장을 펼치는 데 유리한 비유를 재빨리 선택해야 한다.

예를 들어볼까. 스페인에는 두 개의 정당을 가리키는 이름이 있다. '노예당servilles'과 '자유당liberales'이 그것인데, 이런 이름을 선택한 것은 틀림없이 후자, 즉, 자유당이었을 테다.

저항하는 사람들을 뜻하는 '프로테스탄트'라는 이름은 그들 자신이 직접 선택한 것이고, '복음주의자'라는 이름 역시 복음주의자들 자신이 고른 명칭이다. 그러나 '이단異端'이라는 이름은 가톨릭교도들이 선택한 깃이다.

이런 방법은 좀 더 구체적인 것들을 지칭하는 이름에도 해당한다. 예컨대, 나와 논쟁을 벌이는 상대방이 무언가 '변화'를 제안했다면, 나는 그것을 '혁신'이라고 바꾸어 부르는 것이다. 왜냐하면, 혁신이라는 표현은 앙심이라도 품은 듯 악의적이기 때문이다

(쇼펜하우어가 활동했던 시기의 전반적인 사회 분위기가 보수적이었음을 고려하면 왜 그런지 이해가 간다 — 옮긴이).

자, 그럼 상황이 바뀌어 내가 무언가를 제안하는 사람이라면 어떨까? 첫 번째 경우, 즉 '변화'에 대해서는 그 반대로 '현존하는 질서'라고 말하며, 두 번째 경우, 즉 혁신에 대해서는 '복스보이텔'이라고 말해야 한다(복스보이텔Bocksbeutel은 독일 프랑켄 지방의 와인을 담는 독특한 형태의 병을 가리키는 이름이지만, 동시에 이 합성어를 풀어보면 '숫양의 불알'이라는 뜻이 되기도 하므로, 상대방을 향해 비아냥거리는 의미도 담겨 있다 — 옮긴이).

아무런 의도를 갖지 않고 중립적인 위치에 서 있는 사람이 '숭배'라든지 '공적인 교리' 따위의 표현을 사용하려 할 때, 그것을 옹호하려는 사람은 '깊은 신앙심'이라든가 '경건함'이라 부르지만, 그것에 대해 반대의 주장을 펼치려는 사람은 '광신狂信' 또는 '미신'이라 부르기마련이다.

근본적으로 이 기술은 흔히 '선결문제 요구의 오류'라고 불리는 순환논법을 정교하게 사용하는 것이다. 즉, 먼저 한 사람이 밝히고자 하는 바를 일단 말로 표현하고 거기에 이름을 붙이고 나면, 상대방의 순전히 분석적인 판단을 통해서 그것이 분명해지는 것이다. 한 사람이 '그의 신변을 안전하게 만드는 것' 혹은 '보호해주기'라고 부르는 것을 상대방은 '감금하는 것'이라고 표현하는 식이다.

말을 하는 사람은 자기가 이런저런 사물에 붙여주는 명칭을 통해서 처음부터 자신의 의도를 드러내기에 십상이다. 그래서 한 사람이 누군가를 '성직자'라고 부르는데, 상대방은 그를 '목사 나부랭이'라고 말하는 것이다. 이 책에 나오는 모든 논쟁의 기술 가운데 이 기술이 가장 흔히 사용된다. 거의 본능적이라고나 할까.

종교적인 열정 → **광적인 신앙심**

잠깐의 실수, 여자에 대한 남자의 정중한 관심 → **간통**

부적절한 말 → **음담패설**

재정적 혼란 → **파산**

영향력과 연고를 활용해서 → **뇌물과 정실**情實**을 이용해서**

진심에서 우러난 고마움 → **넉넉한 대가**

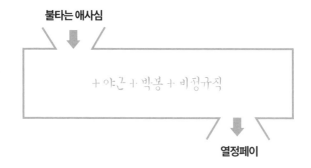

불타는 애사심

+야근 + 박봉 + 비정규직

열정페이

상대의 논거를
뒤집어버려라

'상대방의 논거를 뒤집어버리는 것' 이야말로 아주 멋진 트릭이다. 말하자면 상대방이 자신을 위해 이용하고자 하는 논거를 역으로 이용해 도리어 그를 공격하는 데 써먹을 수 있는 훌륭한 방법이다.

예를 들어서 상대방이 "그는 아직 어린아이입니다. 그 점을 참작해주어야 합니다." 라고 주장하면, 나는 이걸 뒤집어서 이렇게 공격하는 것이다. "아니죠, 아직 어린아이라는 바로 그 이유로 한층더 따끔하게 혼을 내줘야 합니다. 그래야 아이의 나쁜 버릇이 더욱심해지지 않을 테니까 말입니다."

약점을 잡았다 싶으면
끈질기게 몰아붙이라

나의 질문이나 주장에 대해서 상대방이 직접적인 대답도, 별다른 정보도 주지 않고 거꾸로 나한테 질문을 던지거나, 간접적으로 마지못해 어물쩍 대답하는 경우가 있을 것이다. 심지어 논쟁 중인 사안과 아무 상관도 없는 말로 슬쩍 비끼면서 다른 쪽으로 빠져나가려고 한다고 치자. 이것은 — 때로는 나 자신도 알지 못하는 사이에 — 내가 상대방의 미심쩍은 부분을 제대로 건드렸다는 확실한 신호다! 그러니까 상대방의 입장에서 보면 이것은 '그럴 수밖에 없는 침묵'이란 얘기다.

따라서 내가 건드린 그 부위는 계속적으로 물어뜯어야 하며, 상대방으로 하여금 절대로 달아나지 못하도록 만들어야 한다. 막상 상대방의 약점이 어떤 것인지 잘 파악하지 못하더라도 말이다.

상대의 주장을
확대해석하라

첫째 기술은 확대해석하는 것이다. 그러니까 상대방이 제시하는 주장의 자연스러운 경계를 넘어서서 그 주장을 끌고 가는 것, 그 주장을 가능한 한 보편적으로 해석하되 넓은 의미로 과장해버리는 것이다. 반면에 나의 주장은 가능한 한 제한된 의미로 펼치고 좁은 범위로 축소한다. 왜냐하면, 주장이라는 것이 보편적이면 보편적일수록 그만큼 더 공격하기 쉽기 때문이다. 반대로 상대방이 이 기술을 쓰지 못하게 하려면, 먼저 논쟁의 이슈나 논쟁의 상황을 상대방에게 정확히 밝혀두는 것이 상책이다.

사례 1

내가 "영국 사람들은 세상에서 가장 연극적인 자질이 뛰어난 민족입니다."라고 말하자, 상대방은 이에 대해 단순반증을 이용해 이렇게 반박했다.

"그렇지만 영국인들은 음악적인 자질이 없어서인지 오페라 분야에서는 별다른 업적을 남기지 못한 것으로 알려졌잖아요?"

나는 내가 기억하고 있는 사실을 이용해서 상대방을 다시 몰아붙였다.

"음악을 연극적인 것의 범위에 속한다고 간주할 수 있나요? 연극이란 단지 비극과 희극을 가리키는 것입니다."

물론 상대방도 이 사실을 잘 알고 있었다. 다만 그는 나의 주장을 보편적인 것으로 만들고 확대해 물리치려 한 것이다. 즉 연극처럼 극장에서 공연하는 오페라에도 연극적인 묘사방식이 전부 있음을 들어 오페라, 더 나아가 음악까지 포함해 내 주장의 범위를 확대한 것이다.

나는 이와 반대로 내가 펼치려는 주장을 맨 처음 의도보다도 더 축소함으로써 원하는 논점을 구할 수 있다.

사례 2

갑이 말한다.

"1814년의 평화조약은 심지어 독일에 있는 모든 한자동맹(상업목적으로 중세 독일 북부에서 창설된 정치·경제적 도시 동맹 — 옮긴이) 도시들조차도 다시 독립할 수 있게 해주었습니다."

그러자 을은 단순반증으로 이렇게 대꾸한다.

"하지만 바로 그 조약 때문에 단치히Danzig 시는 나폴레옹 덕분에 얻었던 독립을 잃어버리지 않았습니까?"

갑은 어떻게 상대방의 공격에서 벗어날까?

"저는 독일에 있는 모든 한자동맹 도시들이라고 말했습니다. 단치히는 독일이 아니라 폴란드의 한자동맹 도시였잖아요!"

이 논쟁의 기술은 일찍이 아리스토텔레스가 《변증론Topika》 제8권 제12장 제11절에서 가르친 바 있다.

사례 3

"폴립은 신경계가 없어서 일절 감각 능력이 없다."(입으로 먹은 먹이를 강장에서 소화하고, 소화되지 않은 먹이는 다시 입을 통해 배출하는 강장동물—옮긴이) 장 바티스트 라마르크가 1809년 파리에서 출간한 《동물 철학Philosophie zoologique》에서 말하고 있는 내용이다.

하지만 폴립은 몸을 위장하고, 빛이 있는 곳을 향해 조금씩 나뭇가지 사이를 움직여 가는 데다, 먹이가 있으면 재빨리 낚아채기까지 하는 걸 보면, 폴립에게 감각 능력이 있다는 데는 의심의 여지가 없다. 다시 말해서 별도의 감각 기관이 없는데도 폴립은 분명히 사물을 감지하는 능력이 있다는 얘기다. 그래서 사람들은 신경계가 폴립의 몸 전체에 녹아들 듯 골고루 퍼져 있다고 생각했다.

라마르크의 입장에서 볼 때 이런 사실은 자신의 가설을 뒤엎는

것이기 때문에, 그는 토론 기술을 동원하여 자신의 주장을 펼쳐나
간다.

"그렇다면 폴립의 모든 신체 부위는 모든 종류의 자극에 대한
감지가 가능해야 하고, 운동이나 의지는 물론 심지어 생각하는 힘
까지 있다는 얘기다. 그렇게 되면 폴립의 신체 부위 하나하나가 가
장 완벽한 동물의 모든 기관을 갖고 있다는 말이다. 즉, 몸의 모든
부위를 사용해 볼 수 있고, 냄새 맡을 수 있고, 맛도 볼 수 있으며,
들을 수도 있는가 하면, 생각하고 판단하고 결론을 내릴 수도 있다
는 말이 된다. 그렇다면 폴립의 몸속 미립자 하나하나가 완전한 동
물이라는 뜻이니, 폴립은 심지어 인간보다도 더 우월한 존재가 될
것이다. 인간이 몸 전체로 겨우 지닐 수 있는 모든 능력을 폴립의
몸을 구성하는 각각의 미립자가 모두 가지고 있을 테니까 말이다.

폴립에 관해서 이런 식으로 주장한다면, 세상에서 가장 진화하
지 못한 모나드Monade에 관해서도 같은 방식으로 주장할 수 있
다는 말이다. 더 나아가 살아있는 식물까지도 같은 식으로 주장하
지 말라는 법이 어디 있겠는가?"(모나드는 모든 존재의 기본 구
성요소이면서 그 자체는 더는 분할할 수 없는 기본 단위를 말하며,
라이프니츠가 만년에 정립한 개념 — 옮긴이)

작가 라마르크는 자신이 이용한 토론 기술을 통해서 자신의 주
장이 틀렸다는 사실을 깨닫고, 은연중에 이를 드러내고 있다. 왜
그럴까? 원래 우리가 했던 이야기는 "폴립은 몸 전체로 빛을 감
지할 수 있으므로 폴립의 몸은 신경조직과 같다."는 내용이었다.

그런데 라마르크는 이 말을 확대해석하여 폴립이 몸 전체를 사용해 생각마저 가능해야 한다는 말을 내뱉고 말았으니까.

내가, 세상에서 가장
진화한 생명체라니...

거짓된 전제를
이용하라

　내가 주장한 전제가 옳음에도 불구하고 상대방이 인정하려 들지 않는다면, 내가 펼치고 있는 명제를 증명하기 위해서 거짓된 전제를 사용할 수도 있다.

　즉, 상대방이 내 전제가 참이라는 것을 알아차리지 못하거나, 혹은 내 전제로부터 곧 진실이 이끌려 나올 것을 알기 때문에 옳은 전제를 인정하지 않을 수도 있다. 이럴 때는 그 자체로는 틀렸지만 상대방과 관련해서 보면 옳은 명제를 내세우고, 상대방의 사고방식을 따라 그가 '시인한 사실에 근거하여' 주장을 펼친다.

　왜냐하면, 거짓은 절대로 옳은 전제로부터 도출될 수 없지만, 참은 거짓된 전제로부터 도출될 수도 있기 때문이다. 이와 마찬가지로 상대방이 거짓 명제를 들고나오면, 나는 다른 거짓된 명제로써 — 그러나 상대방은 옳다고 간주하는 명제 — 그것을 반박할 수 있다. 내가 상대하는 바로 그 사람의 사고방식을 이용해야 하니까 말이다.

예를 들어서 상대방이 내가 인정하지 않는 어떤 종파의 추종자 혹은 신봉자라고 하자. 그런 경우 나는 이 상대방에 맞서서 내가 인정하지 않는 바로 그 종파의 교리를 원칙인 것처럼 써먹을 수 있는 것이다. 아리스토텔레스의《변증론》제8권 제9장에 나오는 내용이다.

증명되지 않은 전제를
은근슬쩍 이용하라

증명되지도 않은 전제 위에서 이루어진 요구, 즉, '선결문제의 요구'를 드러내지 말고 은밀하게 하는 것이다. 이는 내가 입증하고자 하는 것을 기정사실화함으로써 이루어진다. 구체적으로는 아래와 같은 방법으로 써먹을 수 있다.

1. 다른 이름(명칭)을 사용하는 방법 : 이를테면 '명예'라는 말 대신에 '좋은 평판'이란 말을 쓴다든지, '순결' 대신에 '미덕'이란 말을 쓰는 것이다. 예컨대 '척추동물'이라는 말 대신에 '적혈동물'이란 용어를 쓰는 것처럼 서로 교환할 수 있는 개념을 사용하는 것이다.

2. 하나의 특수한 경우에만 참인 것을 보편적인 것으로 만드는 방법 : 이를테면 의학의 불확실성을 말하면서 인간의 지식이 모두 다 불확실한 것으로 기정사실화하는 것이다.

3. 반대로 말해도 옳은 두 가지가 있어서 그중 하나가 입증될 수 있다면, 다른 하나까지 그냥 기정사실로 상정해버리는 방법.

4. 보편적인 것을 입증하기 위해서 하나하나의 개별적인 것을 시인하는 방법. 이것은 앞서 설명한 논쟁의 기술 02와 반대되는 경우다. 아리스토텔레스의 《변증론》 제8권 제2장에 나온다.

아리스토텔레스의 《변증론》 마지막 장에는 이러한 토론 기술의 연습에 관한 여러 가지 훌륭한 규칙이 실려 있다.

증명되지 않은 도둑

이솝우화에 나오는 얘기다. 두 청년이 고기를 사기 위해 푸줏간으로 갔다. 푸줏간 주인은 청년들이 주문한 고기를 몇 덩이 자르고, 다른 고기를 꺼내오기 위해 잠시 자리를 비웠다. 그사이 한 청년이 고기 한 덩어리를 다른 청년의 주머니에 슬쩍 넣었다.

푸줏간 주인은 청년들이 분명히 고기를 훔쳤다고 생각하고, 고기를 훔친 청년에게 내놓으라고 했다. 그러자 그 청년은 자신의 주머니를 보이며 절대로 훔치지 않았다고 말했고, 주머니에 고기를 넣고 있던 청년은 '나는 고기를 훔친 사실이 없다'며 버텼다. 논리적으로 맞는 말이다.

실제 고기를 훔친 청년은 고기를 갖고 있지 않아서 훔친 사실을 증명할 수 없게 된다. 한편 고기를 가진 청년은 직접 훔치지 않았기 때문에 역시 훔쳤다고 말할 수 없게 된다. 훔쳤다는 전제가 증명되지 않은 것이다. 그렇다면 푸줏간 주인은 청년들이 훔쳤다는 사실을 어떻게 증명해야 할까?

이 장에서 말하는 <증명되지 않은 전제를 슬쩍 이용하라>는 주제가 바로 그것이다. 입증되지 않은 전제를 기정사실로 해서 푸줏간 주인은 이렇게 말하면 된다.

"누가 고기를 훔쳤는지 모르지만, 분명 당신들 때문에 고기가 없어졌으니 어서 내놓으시오." 푸줏간 주인은 이로써 '선결문제의 오류'를 범했지만, '드러내지 않고 은밀히'라는 방법으로 두 청년이 훔쳤다는 전제가 성립한 것처럼 기정사실화한 것이다.

상반되는 두 명제로
상대를 조종하라

내가 제시하는 명제를 상대방이 받아들이도록 하려면 그것과 정반대되는 명제를 함께 내놓고 그에게 선택하도록 맡긴다. 특히, 나는 이때 이 반대되는 명제를 아주 날카롭고 큰 소리로 강조해야 한다. 그러면 상대방은 자기모순에 빠지지 않기 위해서 그보다는 훨씬 타당성이 있어 보이는 나의 명제를 수용하게 될 것이다.

예를 들어보자. '무릇 인간은 아버지가 말하는 것이라면 모두 다 복종해야 한다'는 명제를 상대방이 인정할 수밖에 없도록 만들려면, 나는 그에게 이렇게 물어야 할 것이다. "우리는 사안이 무엇이든 간에 부모님이 하시는 말씀에 무조건 순종해야 합니까, 아니면 순종하지 말아야 합니까?"

혹은 이런저런 일에 관해 이야기하다가 '자주, 빈번하게'라는 말이 나왔다고 치자. 그러면 나는 이 '자주'라는 말을 '몇몇 경우'로 이해해야 할지 '많은 경우'로 이해해야 할지를 묻는 것이다. 그리고 상대방은 '많은 경우'라고 말할 것이다. 이것은 마치 회색을 검은색 옆에다 갖다놓으면 '희다'라고 말하는 반면, 흰색 옆에다 갖다 놓으면 '검다'라고 하는 것과 마찬가지다.

원하는 명제의 반대를 제시하여
상대의 의표를 찔러라

내가 펼치고 있는 명제를 입증하기 위해서 상대방이 '예'라고 답해주기를 기대하면서 질문을 던졌는데, 상대방이 의도적으로 '노!'라고 대답하려는 분위기가 느껴지면, 나에게 필요한 명제와 정반대되는 것을 질문해야 한다. 이때 나는 마치 그 정반대의 질문에 대해 '예'라는 대답을 얻어내려는 것 같은 인상을 풍기는 것이 좋다.

그게 아니면 적어도 상대방이 선택할 수 있게 둘 다 제시하는 것 같은 인상을 주자. 그러면 상대방은 내가 도대체 어떤 명제에 대해서 '예'라는 대답을 얻고 싶어 하는지 알아차리지 못할 것이다.

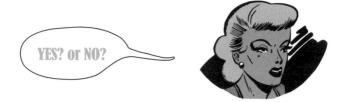

법칙 13

한 가지를 시인하면
전체를 시인한 걸로 밀어붙여라

내가 귀납적인 논리를 펼쳐나가고, 그에 필요한 개별적인 사항을 하나하나 상대에게 물었는데, 상대가 그것을 모두 인정(시인)한다면 인정받은 개별적인 사실로부터 도출되는 보편적 진리도 인정할 거냐고 따로 상대방에게 질문할 필요가 없다. 그저 나중에 그와 같은 보편적 진리의 문제는 이미 마무리되었으며, 상대방도 이미 인정한 것이라고 설명해주면 된다. 이런 식으로 풀어나가면, 종종 상대방 자신도 그것을 인정했다고 생각할 것이기 때문이다. 어디 그뿐인가, 청중들 역시 상대방이 인정했다는 인상을 받을 것이다. 왜냐하면, 그들은 내가 던진 하나하나의 개별적인 질문들을 기억하고, 그 질문들이 이미 목적을 달성했다고 여길 것이기 때문이다.

법칙 14

권위에
호소하라

　누구나 존경해 마지않는 것에 호소하여 주장을 펼치는 기술. 이런저런 논거를 대는 대신에 상대방의 지식수준에 맞추어 내가 가진 권위를 이용하는 것이다.

　세네카가 말하지 않았던가? "사람들은 누구나 판단하기보다는 차라리 그냥 믿으려는 경향이 있다."(《행복한 삶에 관하여 *De vita beata*》제1부, 제4장) 그러므로 내가 상대방이 존경하는 권위를 갖고 있다면, 논쟁에서 승리하기가 한결 수월하다. 상대방의 지식이나 능력이 부족하면 부족할수록, 그만큼 나는 상대에게 더 많은 권위를 인정받을 수 있게 될 것이다.

　반대로 상대방의 지식과 능력이 대단히 뛰어나 최고의 수준이라면, 그는 기껏해야 나에게 아주 약간의 권위를 부여하거나 전혀 인정하지 않을 수도 있다. 그것도 아니면 기껏해야 자신이 거의 알지 못하는 분야의 학문이나 예술, 비즈니스 분야의 전문가들에게 해당하는 정도의 권위만 인정할 것이다. 그리고 그나마도 자못 신뢰

할 수 없다는 태도로 일관할 것이다.

이에 반해서 보통사람들은 어떤 분야인가에 상관없이 '전문가들'에 대해서 깊은 존경심을 지니고 있다. 보통사람들은 전문직에 종사하는 사람들이 그 일 자체를 사랑하는 게 아니라, 거기서 나오는 수입을 사랑한다는 사실을 알지 못한다. 그뿐만 아니라, 전문적인 것을 가르치는 사람이라도 자신의 분야를 근본부터 철저히 아는 경우가 드물다는 사실도 알지 못한다. 자신의 분야를 철저히 연구하는 전문가들은 대부분 남을 가르칠 시간 따위는 없으니 말이다. 그렇지만 보통사람의 처지에서 보면 그들은 엄청난 존경의 대상이다.

그러므로 만약 나에게 벌어지고 있는 논쟁의 이슈에 어울릴만한 권위가 없다면, 겉으로 보기에나마 그럴듯하게 권위가 있는 척이라도 해야 한다. 그리고 전문가들이 다른 맥락이나 다른 관계에서 언급했던 내용이라도 인용해야 할 것이다.

특히 상대방이 전혀 이해하지 못하는 분야의 권위를 이용하면 가장 효과가 탁월하다. 예컨대 배운 것이 없는 사람들은 그리스어나 라틴어로 된 의미 없는 미사여구에 대해서 나름의 존경심을 느끼는 법이다.

그리고 필요하다면 권위를 왜곡할 수도 있을 뿐 아니라 날조할 수도 있으며, 혹은 완전히 머릿속에서 만들어낸 권위를 휘두를 수도 있다. 대개 상대방이 항상 책을 손에 쥐고 있는 것도 아니고, 또 책을 본다고 해도 어떻게 활용하는지도 모른다.

이에 대한 가장 멋들어진 예가 프랑스 사람인 퀴레Curé라고 하겠다. 보통의 이웃 사람들과는 달리 자기 집 앞 도로가 포장되는 것을 원치 않았던 그는 성경의 한 구절을 인용해서 이렇게 말했다. "저들이 깜짝 놀라 흔들릴지라도, 나는 결코 흔들리지 않으리라 paveant illi, ego non pavebo." 이 말이 그 지역을 담당하는 공사 책임자의 마음을 움직였다. '깜짝 놀라다'라는 뜻의 라틴어 pavere와 '도로를 포장하다'는 뜻의 프랑스어 paver를 가지고 언어의 유희를 한 것이다.

'보편적인 편견' 역시 권위로서 사용할 수 있다. 왜냐하면, 사람들은 대체로 아리스토텔레스가《니코마코스 윤리학》제10권에서 말하는 것처럼, 다수가 옳다고 말하면 그것이 곧 진실이라고 생각하기 때문이다.

아무리 터무니없는 견해라 하더라도 사람들에게 그 견해가 보편적으로 받아들여지고 있다는 사실을 설득하기만 한다면, 사람들은 아무런 의심도 하지 않은 채 곧장 그것을 자신의 견해로 받아들이게 된다. 어떤 실례를 들어주면 그들의 생각뿐만 아니라 그들의 행동에도 영향을 미치는 것이다. 이것은 마치 앞에서 무리를 이끄는 양이 어디로 향하든지 무조건 따라가는 양 떼와 다를 바 없다. 그들에게는 생각하는 것이 죽기보다도 더 어렵기 때문이다.

어떤 의견에 보편성이 있다고 해서 그토록 엄청난 무게를 지닐 수 있다니, 참으로 희한하지 않은가! 그런 견해를 덜렁 받아들인다는 것은 철두철미 판단이 결핍되어 있다는 뜻이며, 단순히 몇 가지의 사례에만 의존해 남의 견해를 따른다는 뜻이라는 걸, 자신의 경험으로 잘 알 텐데 말이다. 그러나 그들에게는 스스로 신념 같은 것이 없기 때문에, 사실을 보지 못하는 것이다.

플라톤은《국가론》제9권에서 "사람들은 나름대로 별의별 다양한 견해를 갖고 있다."고 말했지만, 실제로 그렇게 자기 의견을 확실히 말할 수 있는 사람은 그리 많지 않다. 바꾸어 말하면 평범한 사람들은 머릿속에 허튼 생각들이 너무 많아서, 그쪽을 잘 건드린다면 상당한 성과를 거둘 수 있을 것이다.

좀 더 진지하게 말하자면, 어떤 견해가 보편성을 지니고 있다는 사실만으로는 그 견해가 옳다는 증거가 될 수도 없거니와, 그것이 옳다는 개연성의 근거조차 될 수 없다. 그와 같은 주장을 펼치는 사람은 아래와 같은 점을 염두에 두어야 한다.

1. 보편성이 지니고 있던 '증거로서의 힘'은 시간이 흐르고 나면 사라지고 만다.

그렇지 않다면, 한때 보편적인 진리로 여긴 과거의 모든 오류가 틀림없이 소생할 것이다. 예를 들어서 프톨레마이오스의 논리체계라든지 모든 개신교 국가에서 가톨릭 교리를 새건하는 일 같은 것이다.

2. 물리적인 거리 역시 이와 같은 효과가 있다.

그렇지 않다면, 불교나 기독교 혹은 이슬람교를 믿는 사람들이 이제껏 나름대로 인정하고 있는 종교적 보편성이 다르다는 사실에 당혹감을 금치 못할 것이다.(제러미 벤덤의 《입법부의 책략》(제네바-파리, 1816년) 제2권 76쪽을 참조)

자세히 들여다보면, 우리가 '보편적인 견해'라고 부르는 것도 단지 두 사람 또는 세 사람의 의견일 뿐이다. 보편적이라고 생각했던 것들이 어떻게 형성되었는지 살펴본다면, 우리는 그것이 그저 몇 사람의 견해에 지나지 않는다는 사실과, 그럼에도 그것이 철저히 검증되었을 거라고 순진하게 믿었다는 사실을 확인할 수 있다. 결국, 이들에게 충분한 능력이 있을 거라는 편견에 사로잡힌 처음의 몇 사람이 검증도 없이 이들의 의견을 수용한 것이다. 그런 다음 많은 사람이 다시 이들을 믿었고, 종국에는 대부분 사람이 게으름 때문에 어렵사리 검증해야 하는 번거로움을 피해 그저 아무런 의심 없이 믿게 된 것이다. 이렇듯 게으르고 남을 쉽사리 믿는 신봉자들의 숫자는 날이 갈수록 불어만 갔다. 왜냐하면, 그토록 많은 사람이 그 견해에 동조하는 것을 보고서 다음 사람들은 "그 견해의 근거에 상당한 설득력이 있으니까 그런 결과가 나왔겠지"하고 치부했기 때문이다. 그리고 이에 동조하지 않았던 나머지 사람들도 보편적으로 인정되는 견해 앞에서 반항하는 불안정한 정신의 소유자로 취급되거나, 세상의 모든 사람보다 더 똑똑해지고 싶은 호기심 넘치는 애송이 취급을 받고 싶진 않기 때문에, 보편적이라고 인정된 흐름을 따를 수 밖에 없었던 것이다. 이제 '보편적인 견해'에 동의하는 것은 하나의 의무가 되었다.

이렇게 되고 보니 이제 판단할 능력이 있는 소수의 사람은 입을 꾹 닫고 침묵을 지켜야 한다. 반면에 입을 열 수 있는 사람은 자신만의 의견을 갖고 판단할 수 있는 능력이 조금도 없는 사람들, 순전히 남의 의견에 대한 메아리 역할이나 하는 사람들뿐이다. 그렇지만 그런 사람들은 더욱더 열성적이고 또 그만큼 더 편협하게 그 견해를 옹호할 뿐이다. 왜냐하면, 자신들과 다르게 생각하는 사람들이 내세우는 주장도 주장이려니와, 심지어 직접 판단까지 하려고 하는 '오만불손한' 태도 역시 미워하기 때문이다. 자신들이 직접 주장하거나 판단할 수 있는 능력도 없지만, 그래도 마음속으로는 경계하고 있으니 말이다.

간단히 말해보자. 스스로 사고할 수 있는 사람은 극소수에 지나지 않는다. 그러나 나름대로 견해를 갖고 싶은 것은 누구든 마찬가지다. 그렇다면 스스로 사고하지 못해 자신의 견해를 만들어내지 못하는 사람들에겐 이미 만들어진 견해를 받아들이는 것 외에 달리 무슨 방법이 있겠는가? 그리고 사정이 이러하다면 수억 명이 내는 목소리가 대체 무슨 소용이겠는가? 수백 명의 역사가가 쓴 저서에서 우리가 발견하게 되는 특정한 역사적 사실 같은 것도, 자세히 들여다보면 모두 다른 사람이 했던 말을 계속해서 그대로 베껴왔음을 알 수 있다. 그러니까 그걸 추적해서 올라가면 결국은 단 한 사람의 생각으로 귀결하는 것이다. 프랑스 철학자 피에르 벨Pierre Bayle의 《혜성에 관한 여러 가지 생각*Pensées sur les Comètes*》

1704년도 제4판, 제1권 10쪽에는 이런 글이 나온다.

"처음엔 나 혼자 그렇게 말하고
다음엔 너도 그렇게 말하더니
마침내 그도 그렇게 말한다.
우리가 이처럼 자주 그 말을 들었으니
그저 들었던 것만 보이는구나."

그런데도 보통사람들과의 논쟁에서 이 보편적인 견해를 하나의 '권위'로서 사용할 수 있다. 어쨌거나 고만고만한 머리를 가진 두 사람이 논쟁을 벌일 때면 그들이 공통으로 선택하는 무기가 바로 권위라는 사실을 우리는 알 수 있다. 권위라는 무기를 들고서 서로 치고받고 싸우는 것이다.

머리가 좋은 사람이 평범한 사람과 상대하는 경우는 어떨까? 이때도 역시 권위라는 무기를 써먹는 편이 가장 바람직하다. 물론 상대방에게 얼마나 빈틈이 있느냐에 따라 무기를 잘 선택해야 할 일이다. 왜냐하면 가설한 바와 같이 빈틈 많은 상대방이 '확실한 근거'라는 무기를 맞닥뜨리면, 그야말로 생각도 판단도 못하는 무능력의 강물을 흠뻑 뒤집어쓴 뿔 달린 지크프리트나 다름없기 때문이다.

법정에서는 원래 오로지 권위만 갖고서 논쟁을 벌이게 되어 있다. 이론의 여지가 없는 법률의 권위 말이다. 여기서 판단력이 할 수 있는 기능은 주어진 사안에 적용할 수 있는 법률, 즉 적용할 권위를 찾아내는 일이다. 그렇지만 여기서도 토론 기술을 적용할 여지는 얼마든지 있다. 소송이 벌어지고 있는 사안과 적용한 법률의 아귀가 잘 맞지 않는 경우, 필요하다면 그걸 비틀어서 서로 아귀가 맞는 것처럼 보이게 만들 수 있다는 얘기다. 물론 그 반대의 경우도 마찬가지다.

진지하게 세상을 본
괴팍한 철학자

세상을 향해 온갖 독설을 내뿜은 철학자 쇼펜하우어. 그의 눈에 비친 세상은 고통과 고뇌로 가득했다. 삶의 본질을 찾기 위해 고독을 선택한 쇼펜하우어는 동시대를 사는 헤겔을 매우 싫어했다. 헤겔은 당시 유럽을 휩쓸던 주류 철학인 이성 중심의 계몽주의와 낙천주의의 중심에 선 철학자다.

쇼펜하우어는 헤겔의 철학을 일컬어 삶의 고통을 거짓말로 포장한 엉터리 같은 말이라며 정면으로 비판했다. 헤겔이라는 작자는 그저 진지하고 심각한 척할 뿐 정작 자신이 무슨 말을 하는지 그 의미도 모르는 협잡꾼이라는 것이다. 마지막엔 술집 주인처럼 멍청한 헤겔의 외모까지도 트집 잡았다.

베를린 대학에서 강의를 개설한 쇼펜하우어가 드디어 헤겔과 정면으로 맞섰다. 이미 인기 강의였던 헤겔과 같은 시간에 강의를 개설한 것이다. 결과는 쇼펜하우어의 일방적인 패배였다. 헤겔의 강의실은 매번 가득 찼지만, 자신은 단 한 명의 학생도 없을 때가 많았다. 쇼펜하우어는 평생토록 헤겔을 증오하며 살았다.

세상은 결코 합리적이거나 논리적이지 않았다. 그는 삶의 본질이 고통에 있다고 생각했다. 비합리적인 인간의 맹목적인 의지가 충동과 욕망을 부르고, 완벽히 채울 수 없는 욕망이 고통을 가져온다고 믿었다. 염세적인 쇼펜하우어 철학의 결론은 충동과 맹목적 의지를 끊기 위해 금욕적인 생활을 해야 한다는 것이었다. 인간 이성으로 그리는 장밋빛 미래는 그저 허울 좋은 말일 뿐, 생에 대한 냉철한 직관과 체험, 그리고 진솔한 체험이 없이는 불가능하다는 요지였다.

진리를 위해 고독한 싸움을 했던 쇼펜하우어. 무례하고 괴팍하기로 이름났지만, 삶에 대한 탁월한 통찰력이 있었고 누구보다도 삶에 진지했다. 근대 이성과 계몽주의 사상이 지배하던 사회에서 반성과 비판 정신을 강조했던 그의 철학은 현대 철학의 문을 여는 열쇠였다. 그리고 고독과 사색을 잃어버린 지금, 그의 저항이 다시 우리에게 말을 건넨다.

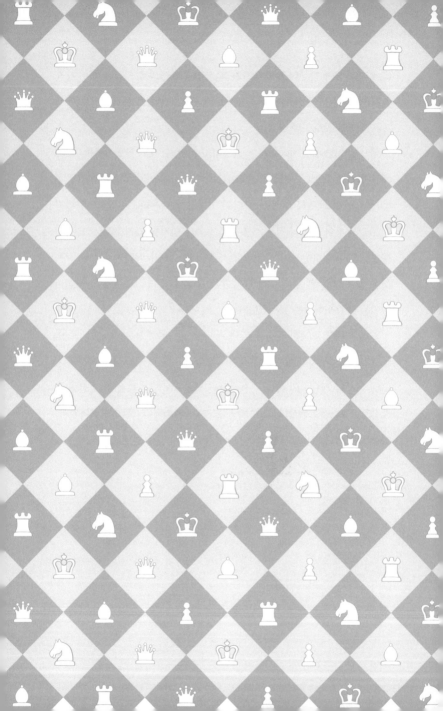

셋

'내가 항상 옳을' 수 있는
38가지 논쟁의 법칙

방어하라

논쟁의 물줄기를
틀어라

상대방이 나의 주장을 물리칠 만한 논거를 포착했다는 낌새가 드는 순간, 상대방이 자신의 논리를 끝까지 밀어붙여 나가도록 가만히 놔두면 안 된다.

내가 할 일은 적절한 때를 놓치지 말고 논쟁의 진행을 중단하거나, 논쟁을 다른 방향으로 틀어서 원래의 주제에서 벗어난 다른 쪽으로 상대방을 끌고 가야 한다.

간단히 말해서 '논쟁의 물줄기를 바꾸는' 기술이다. 이에 관해서는 다음의 '삼천포 기술'을 참조하자.

방어는 좀 뻔뻔해야 제 맛

불리하면
삼천포로 빠져라

논쟁을 벌이다가 아무래도 내가 상대방에게 질 것 같다는 느낌이 든다면, 재빨리 주의를 다른 데로 돌려야 한다. 다시 말해서, 느닷없이 전혀 다른 이야기를 꺼내 마치 논쟁의 대상이 되는 사안에 속하는 것처럼, 마치 상대방의 주장에 대한 반증이라도 되는 것처럼 꾸미는 것이다.

이렇게 화제를 다른 곳으로 돌렸을 때, 그 내용이 여전히 진행 중인 논쟁의 사안에 대체로 연관된 경우라면 무리 없이 점잖게 이루어지겠지만, 그런 사안과는 조금도 관계없이 대놓고 상대방 개인에 관한 이야기로 전환하는 경우는 뻔뻔스럽게 이루어질 수밖에 없다.

사례

나는 중국에는 태어날 때부터 귀족인 세습귀족이 없고, 모든 관직은 오로지 과거시험의 결과에 따라서만 배분한다는 점을 칭찬했다. 그러자 상대방은 좋은 가문에서 태어났다고 관직을 얻는 데 꼭 유리한 게 아닌 것처럼 — 그래도 그는 가문을 어느 정도 중요하게 생각했다 — 학식이 높다고 해서 꼭 관직에 도움이 되는 것은 아니라고 주장했다.

상대방은 상황이 점점 불리하게 꼬이자, 곧장 화제를 다른 곳으로 돌리기 시작했다. 즉 중국에서는 죄를 지으면 가문을 막론하고 모든 계층의 사람이 태형笞刑으로 처벌받는다고 말하더니, 그것을 차를 지나치게 많이 마시는 중국인의 문화와 연결해 이 두 가지 모두를 싸잡아 비난하는 것이었다. 이런 이야기에 바로 말려들어 가는 사람은 거기에 속아 넘어가서 다 잡은 승리를 손에서 놓쳐버리는 격이될 것이다.

이와 같은 '화제의 방향 전환'이 논의 중인 사안에서부터 완전히 멀리 벗어나 "좋아요, 그런데 말입니다, 당신은 얼마 전에도 똑같은 식으로 주장하지 않았습니까."라는 패턴으로 바뀌어버린다면 그런 전환은 아주 대놓고 뻔뻔스러운 것이 된다. 왜냐하면, 논쟁은 그때부터 어느 정도 인신공격의 성격을 띠기 때문이다. 이에 관해서는 마지막 논쟁의 기술에서 언급하게 될 것이다. 정확히 말하자면 화제를 딴 데로 돌리는 것은 마지막 논쟁의 기술에서 설명할 '인신공격을 통한 논쟁'과 '상대방 개인에 관련된 논증'의 중간쯤에 있는 단계다.

보통사람들 사이에서 벌어지는 말다툼을 잘 지켜보면, 여기서 소개하는 '삼천포로 빠져라'는 기술이란 것은 말하자면 '타고나는' 것임을 잘 알 수 있다. 즉, 어떤 사람이 다른 사람에게 인신공격을 가하면, 공격받은 사람은 상대방의 주장에 대해 반박하는 게 아니라, 그를 향한 또 다른 인신공격으로 대응한다. 그 결과, 자신을 향한 상대방의 인신공격을 그냥 넘어가 버림으로써 마치 그것을 시인하는 것 같은 인상을 주면서 말이다.

이 방법은 이탈리아가 아니라 아프리카에 사는 카르타고 사람들을 공격할 때 스키피오가 써먹었던 기술이다(Publius Cornelius Scipio, 기원전 236년~기원전 184년. 카르타고군을 섬멸하고 한니발과의 싸움에서 승리하는 등 알렉산더 대왕의 재현이라고 존경받던 로마의 정치인 겸 장군 — 옮긴이).

전쟁 중에는 이러한 방향 전환이 때로 괜찮은 전략일 수도 있겠지만, 논쟁에서만큼은 좋지 못하다. 내가 상대방으로부터 받은 비난을 그냥 내버려둠으로써, 논쟁을 벌이고 있는 두 사람에 관한 나쁜 점들을 청중이 전부 알아버리게 되니까 말이다. 따라서 논쟁에서는 꼭 부득이한 경우에만 '화제의 방향 전환' 기술을 사용하는 것이 좋겠다.

트럼프의 입심

미국 대통령 재선을 시도하고 있는 도널드 트럼프는 꺼내는 말이 모두 화제다. 특히 그는 어떤 방식으로든 상대를 자극하고, 사안을 과장해 말하는 재주를 갖고 있다. 이것은 모두 자신의 인지도를 높이는 방식으로 이용하고 있지만, 마무리가 좋지 않다면 인지도는커녕 오히려 비난받을 여지가 많다. 이런 면에서 불리할 때 논쟁의 물줄기를 틀어버리는 그의 재주는 타고 난 것처럼 보인다.

2016년 대통령직에 처음 도전했던 트럼프는 오바마 대통령에게 시비를 걸기 시작했다. 그는 오바마가 대학생 시절 성적이 좋지 못했는데, 어떻게 하버드에 진학할 수 있었는지 의혹을 제기하며 성적표 공개를 요구하는 등의 방법으로 자신의 인지도를 높이고 있었다.

그러던 중 트럼프는 군침을 흘릴만한 트집거리를 발견하고 바로 공격에 나섰다. 바로 오바마가 케냐에서 태어났기 때문에 미국의 시민권이 없으며, 역시 대통령으로 당선될 피선거권까지도 없다는 주장이었다. 이것이 사실이라면 엄청난 후폭풍을 몰고 올 일이었다.

더구나 백악관은 이에 대해 아무런 언급도 하지 않아 더욱 의혹이 커졌다. 의기양양한 트럼프는 오바마의 패배가 기정사실인 것처럼 사람들 앞에 당당하게 등장했다. 그러나 얼마 후 오바마는 자신의 출생기록증명서를 공개하고, 이렇게 말했다.

"이런 바보 같은 놀음에 더는 신경 쓰고 싶지 않습니다. 저는 할 일이 매우 많습니다."

이제 당황한 트럼프와 그의 동료들은 급격히 하락할 인지도를 걱정해야 했다. 그러나 여기서 던진 트럼프의 한마디가 더 높은 인기를 얻게 했다. 바로 논쟁의 물줄기를 바꾼, 바보 같지만 절묘한 말이었다.

"지금까지 아무도 하지 못한 일을 해내 자랑스럽습니다. 과연 누가 대통령의 출생기록을 공개할 수 있다는 말입니까?"

상대를 은근히
'비호감'으로 만들어라

상대방이 나에게 방해되는 주장을 펼치는 경우, 그 주장을 사람들이 싫어하는 증오나 혐오의 대상, 즉 이른바 '비호감'의 범주에 넣음으로써 아주 간단하게 제거할 수 있다. 또는 최소한 그 주장을 의심스러운 것으로 만들어버릴 수 있다. 물론 이것은 상대방의 주장과 증오의 대상이 되는 범주 사이에 조금이라도 비슷한 점이 있거나 어떤 식으로든 관련이 있을 때 가능하다.

예를 들면 상대방의 주장을 이렇게 받아치는 것이다.
"아, 그건 마니교[2] 사상 아닙니까?", "그것은 아리우스주의적[3] 생각인데요.", "그 말은 펠라기우스주의와[4] 같군요.", "그건 관념론이잖아요.", "스피노자주의로군.", "범신론의 생각이잖아요.", "브라운주의가[5] 내세우는 거 아닌가요?", "자연주의 사상이로군요.", "무신론에 지나지 않아요.", "마치 합리주의 같군요.", "그건 유심론이군요.", "신비주의에 속하잖아요." 등등이다.

이때 나는 두 가지를 가정한다. ① 상대방의 주장이 사람들이 증오할 수 있거나 혐오할 수 있는 범주의 생각과 같거나, 적어도 그 범주 안에 포함되어 있다는 것. 이런 경우 나는 이렇게 소리친다. "아, 그거야 우리가 이미 잘 알고 있는 사실 아닙니까!" ② 그 범주는 사람들이 이미 완전히 반박한 것이기 때문에 거기엔 어떤 참된 말도 담을 수가 없다는 것.

브리지트 바르도의
비호감도

브리지트 바르도가 한창 개고기에 관해 말할 때다. 그녀는 전화로 연결한 어느 라디오 프로그램에서 오직 한국에서만 인간의 친구인 개를 먹는다며 야만적이라 외쳤다. 진행자가 민족의 오래된 음식 문화이며, 상대방의 문화를 존중할 필요가 있다는 취지로 말했지만, 야만스러운 사람들과 말하기 싫다며 전화를 끊어버렸다. 결국, 라디오 진행자는 그녀를 향해 이렇게 말했다. "그녀가 동물 보호가라기보다 차라리 인종차별주의자라는 인상을 더 깊이 주었다." 동물을 사랑했던 쇼펜하우어가 브리지트 바르도를 만났다면 과연 어떤 말을 했을까?

궤변에는
궤변으로 맞서라

상대방이 순전히 겉으로만 그럴싸한 궤변에 가까운 논거를 펼치고 있다는 걸 누가 봐도 빤히 알 수 있는 경우가 있다. 이럴 때 나는 그의 어정쩡한 논리와 피상적인 면을 파헤침으로써 상대방의 주장을 무력화할 수 있을 것이다.

그렇지만 그보다 더 나은 방법이 있다. 상대방과 마찬가지로 나역시 겉으로는 그럴싸하고 궤변에 가까운 반대 논증으로 상대방을 물리치는 방법이다. 왜냐하면, 여기서 중요한 것은 진리를 찾는게 아니라, 논쟁에서 승리하는 것이기 때문이다.

예를 들어 상대방이 논쟁 내용이 아니라 논쟁 상대방인 나를 겨냥해 논쟁을 펼친다면, 나 역시 상대방에 대하여, 혹은 그가 시인했던 것에 근거를 두고 덤벼들어 그의 힘을 빼놓으면 충분하다. 대개 어떤 사안이 옳은지 그른지를 놓고 장시간 논쟁을 벌이는 것보다는, 차라리 상대방에 관한 이야기로 공격하는 편이 훨씬 더 빠르고 간단하다. 그런 공격이 가능하기만 하다면 말이다.

궤변론자는 똑똑한 사람

'궤변'을 뜻하는 Sophistic은 토론 문화가 발달한 고대 그리스의 소피스트sophist에서 나온 말이다. 그리스어 'Sophia'는 '지혜'를 의미하는데, 주로 현자를 가리키는 단어로 쓰였다. 이들은 절대적인 진리를 부정하고, 민주정을 멸시하는 중우정치를 주장해 소크라테스로부터 비판받으면서 오늘날까지도 부정적 의미로 쓰이는 것이다.

궤변은 '논리적인 규범을 무시하고 아무렇게나 말한다.'는 뜻으로 동양에서도 '백마비마론白馬非馬論'이 대표적인 예로 알려져 있다. 춘추 전국 시대, 수많은 학파 중 명가名家 사람들이 궤변으로 유명했다. 이들은 사람들에게 다양한 색상을 보여준 뒤, '아무것도 없는 흰색은 색이 아니다'라고 말해 사람들의 동의를 얻었다. 그러자 이들은 "여러분이 말한 것처럼 흰색은 색이 아닙니다. 그렇다면 흰 말도 말이 아닌 것입니다."라고 말하며 궤변을 늘어놓았다.

"형편없는 제 머리로는
도무지 이해가 안 되는군요!"

상대방이 설명하는 근거에 대해서 내가 아무런 반론도 제시할 수 없을 땐 어떻게 할까? 이럴 땐 묘하게 세련된 반어법反語法을 이용해, 내 능력이 모자라서 그 말을 이해할 수 없다고 선언하는 것이다. "당신이 말한 내용은 빈약한 저의 이해력을 훌쩍 넘어서는군요. 당신의 말이 정말 옳을지도 모르겠습니다. 다만 제가 그걸 도무지 이해할 수 없기 때문에 어떤 판단도 내릴 수 없네요."

이런 식으로 말함으로써 나는 청중에게 상대방이 한 말이 허튼소리라는 인상을 은근히 심어주게 되는 것이다.

칸트의《순수이성비판》이 출간되고, 항간에 큰 화제를 불러일으키기 시작할 무렵, 케케묵은 절충주의 학파의 많은 교수도 바로 이런 식으로 대응했다. "우린 무슨 소릴 하는 건지 모르겠습니다."라고 하면서 그걸로 칸트의 이론을 물리쳤다고 생각한 것이다. 하지만 칸트를 따르는 새로운 학파의 추종자들이 그 케케묵은 교수들은 정말로 칸트를 이해하지 못했을 따름이므로 그 핑계가 틀린 말이 아니었음을 보여주자, 교수들은 참담한 기분을 느낄 수밖에 없었다.

이 방법은 상대방보다는 내가 청중에게 더 많은 존경을 받는다는 확신이 있어야만 사용할 수 있다. 예를 들자면 '교수 대 학생' 같은 경우 말이다. 사실 이 방법은 바로 앞에서 설명한 〈법칙 14〉에 속하는 것으로, 합리적인 근거가 아니라 내가 가진 권위를 대단히 악의적인 방식으로 관철하는 것이라 하겠다.

이 기술에 대한 반격은 다음과 같다. "천만의 말씀을 다 하십니다. 당신의 탁월한 통찰력이라면 제 말을 이해하는 것은 너무나 쉬운 일일 텐데요. 틀림없습니다. 혹 당신이 제 이야기를 이해하지 못했다면 제 설명이 형편없어서 그랬을 것 같군요." 그렇게 말하면 이제 상대방은 그 사안에서 꽁무니를 빼고 싶어도 뺄 수 없게 되고, 좋든 싫든 간에 이제 그 사안을 이해해야 하는 처지가 되며, 그가 애당초 내 말을 정말로 이해하지 못했다는 사실도 분명해지는 것이다.

이렇게 하면 상황은 멋지게 역전된다. 상대방은 내 말이 '허튼소리'라는 인상을 은근히 심어주려 했지만, 도리어 내가 그의 '무지'를 증명해 보였으니 말이다. 그것도 양쪽 모두 아주 정중하게 예의까지 갖추어서!

권위자의 반어법

칸트

칸트의 《순수이성비판》이 출간되었을 당시, 학자들의 전략은 실제로 매우 효과적이었다. 사람들의 존경을 받던 유명한 학자들이 너도나도 '칸트의 책은 무슨 말인지 이해가 안 된다'며 평가절하 했다. 600쪽이 넘는 두께와 복잡해 보이는 논리는 난해하게만 보였고, 사람들은 학자들의 권위를 믿은 것이다. 존경받는 학자들이 못 알아듣는 책이라면 뭔가 잘못되었을 테니까. 결국 《순수이성비판》은 한동안 제대로 된 평가를 받지 못했다고 한다.

상대가 억지를
쓴다고 외쳐라

상대방이 나를 향해 지금 논쟁을 벌이는 문제에 곧바로 직결될 만한 무언가를 시인(인정)하라고 요구한다면, 그런 요구는 거절해야 한다. 그러면서 상대방의 요구가 '증명되지도 않은 전제 위에서 이루어진' 요구, 즉, '선결문제의 요구'라고 불리는 잘못임을 밝혀야 한다.

왜냐하면, 상대방과 청중들은 '다툼이 벌어지고 있는 문제와 아주 비슷한 명제'를 그 문제 자체와 동일한 것으로 착각하기에 십상이기 때문이다. 이런 식으로 나는 상대방의 가장 훌륭한 논거를 빼앗을 수 있다.

"이론적으로는 맞지만
실제로는 틀려요!"

"이론적으로는 당신의 말이 옳습니다. 그러나 실제로는 틀렸습니다."

이런 식의 궤변으로 상대방이 주장하는 논지의 근거는 인정하면서도 그 결과를 부정할 수 있다. 물론 이것은 "결론이란 것은 어떤 근거나 논리에서 출발하여 정당화에 이르는 것이 합당한 순서"라는 논리적 추론의 규칙에는 어긋난다.

따라서 이론적으로는 맞는데 실제로는 틀렸다는 주장은 사실 불가능하다. 왜냐하면, 이론적으로 옳은 것은 실제에서도 반드시 옳아야 하기 때문이다. 실제에서 옳지 않다면 이론의 어딘가에 오류가 있거나, 혹은 무언가를 제대로 보지 못하고 지나쳤기 때문에 고려하지 않았다는 이야기니까. 따라서 그것은 이론적으로도 역시 틀렸다는 것이다.

상대의 견해를
역이용하라

논점이 아니라 논쟁을 벌이는 '상대방에 대하여' 혹은 상대방이 '시인(인정)한 내용에 근거를 두고' 논쟁을 펼치는 기술이다.

상대방이 어떤 주장을 내놓을 때, 그 주장이 어떤 식으로든 그가 앞서 말했거나 인정한 내용과 모순되지는 않는지 자세히 찾아봐야 한다. 필요하다면 그저 외면적으로만 모순되더라도 상관없다.

풀어 설명하면, 그의 주장이 그가 앞서 칭찬했거나 인정했던 학파나 종파의 이런저런 규범과 모순되지는 않는가, 혹은 그런 종파의 신봉자들이 — 또는 겉으로만 믿는 척하는 가짜 신봉자들이 — 보여주는 행동거지와 모순되지는 않는가, 혹은 논쟁을 벌이는 상대방의 행동거지나 품행과 모순되는 면은 없는가, 하는 것들을 찾아내야 한다.

예를 들어 상대방이 자살을 옹호한다고 치자. 그러면 나는 즉시 소리 높여 이렇게 외치면 된다.

"아, 그러면 당신은 왜 목을 매지 않는 거죠?"

혹은 상대방이 베를린은 살기에 불편한 도시라고 주장한다고 치자. 그러면 난 바로 맞받아서 이렇게 소리 지르는 것이다.

"그러면 당신은 왜 당장 첫 기차라도 잡아타고 떠나지 않는 건가요?"

이 기술을 활용하면 어쨌거나 상대방을 애먹일 수 있는 트집거리를 하나 만들어낼 수 있다.

우리 복권 시스템은
통계적으로 당첨 확률이
높지요. 회원 가입비도
저렴합니다.

그런데 당신은
왜 직접 복권을
사지 않는 거요?

법칙 23

미묘한 차이로써
방어하라

상대방이 단 하나의 반증으로 나를 궁지에 몰아붙이면 어떻게 방어해야 할까?

논쟁의 초점이 되고 있는 사안이 어떤 식으로든 이중적인 의미로 해석할 수 있다면, 내가 제시한 주장을 세분細分함으로써, 즉 미묘한 차이를 만들어 섬세하게 구별해 줌으로써, 위기를 모면하고 상대의 반격을 방어할 수 있다.

> 인공지능은 모든 면에서 인간을 압도한다. 해도 과언이 아니죠. 지금도 공장은 로봇으로 가득 차 있습니다. 가까운 미래엔 공장뿐 아니라 결국 우리의 모든 일자리를 빼앗을 겁니다.

인공지능은 결국 **기계**입니다. 기계가 우리 능력을 넘어서는 일은 새삼스러운 일도 아니죠. 날지 못하는 사람이 비행기를 만들어 이용한 게 100년도 넘었고, 인간을 돕는 쪽으로 발전해 왔습니다. 앞으로도 그럴 테고요.

법칙 24

사안을 보편적인 방향으로
끌고 가서 버티라

상대방이 자기가 제시한 주장의 특정한 논점에 관해 무엇이든 이의를 제기해보라고 나한테 분명하게 요구하는 경우가 있다. 그런데 딱히 이의를 제기할 거리가 없다면 어떻게 해야 할까?

이럴 땐 그 사안을 아주 보편적인 방향으로 끌고 가는 것이다. 그리고 이 보편적인 것을 물고 늘어져야 한다.

예를 들어 어떤 특정한 물리학적 가설을 왜 믿을 수 없는지 설명해야 하는 경우에는, 우선 인간이 지닌 지식이라는 것의 허위성에 관해 늘어놓은 다음, 온갖 예를 들어가면서 그 허위성을 밝혀내면 되는 것이다.

자동차 급발진은
지금까지 의혹만 잔뜩 있을 뿐이지,
기계적 결함이라는 증거는
아무것도 없습니다.
당신은 기계 결함이라는
증거라도 갖고 있나요?

사람이 만든 기계는 복잡할수록
오작동이라는 오류가 나타났습니다.
어떻게 자동차가 단 하나의
오류도 없이 완전무결한 기계라고
할 수 있습니까?

구체적인 주장을 절대적이고
보편적인 것으로 비틀어라

상대적인 의미로 제시한 상대의 구체적인 주장을 마치 보편적인 관점에서 제시한 것처럼 받아들여 반박한다. 다시 말해서 단순하며 절대적으로 제시된 것처럼 받아들이거나,[6] 적어도 상대방의 주장을 전혀 다른 관점에서 파악하는 것이다. 그런 다음 바로 그 맥락에서 상대의 주장을 반박하는 기술이다.

아리스토텔레스가 들었던 예는 이런 것이다. "무어moor인은 흑인이다. 그러나 치아만을 놓고 말한다면 하얗다. 따라서 무어인은 흑인이지만 검지 않다." 물론 이것은 하나의 예로서 지어낸 이야기이고, 누구도 진짜로 이런 말에 속아 넘어가지는 않을 것이다. 그보다는 우리가 실생활에서 경험할 수 있는 것으로부터 예를 들어보자.

나는 철학에 관한 대화를 나누다가, 나의 철학체계가 정적靜寂주의자(명상으로 신과 하나가 되면 영혼이 완전한 평안을 얻을 수 있으므로 그 외의 도덕이나 종교 행위는 쓸모없다면서 수동적인 생각을 했던 스토아학파 — 옮긴이)들의 편에 서 있으며, 그들을 칭송한다고 시인했다. 이어서 화제는 곧 헤겔에 관한 이야기로 옮아갔는데, 여기서 나는 헤겔이 그의 책에 대체로 터무니없는 내용을 썼다고 주장했다. 혹은 적어도 그가 저술한 작품 가운데 많은 부분이 글은 저자가 썼지만, 그 의미는 독자들이 채워 넣어야 할 거라고 주장했다.

그러자 상대방은 나의 이런 주장을 두고 논쟁의 본질에 관해 반박하는 게 아니라, 논쟁 상대인 나와 관련지어서 이렇게 반박하는 게 아닌가? "저 역시 당신처럼 정적주의자들을 칭송했을 겁니다. 그런데 말이죠, 그 정적주의자들도 헤겔이나 마찬가지로 터무니없는 내용을 많이 썼다고 하던데, 어떤가요?"

나는 그의 말을 일단 인정해주었다. 하지만 곧 그의 생각을 이렇게 정정해주었다. "나는 정적주의자들을 철학자라든가 저술가로서 칭송하는 게 아니고, 또 그들의 이론적인 업적 때문에 칭송하는 것도 아닙니다. 다만 그들을 인간으로서, 그러니까 그들의 행동 때문에 아주 실제적인 관점에서 칭찬하는 거지요. 그렇지만 헤겔에 대해서 내가 비판하는 것은 이론적인 업적과 관련된단 말입니다."

이렇게 그의 공격을 슬쩍 피해 넘길 수 있었다.

이 장에서 소개하는 〈법칙 25〉는 〈법칙 8〉, 〈법칙 26〉과 서로 연관이 있다. 즉, 이 세 가지 방법은 실제로 상대방이 내가 제시한 것을 다르게 해석하고 이야기한다는 공통점을 가지고 있기 때문이다. 만약 상대방이 이런 식으로 제기하는 반박에 짓눌려서 항복해버린다면, 이는 상대가 펼치는 반증을 제대로 알아듣지 못하는 '반증에 대한 무지無知 또는 오판誤判'을 저지르는 꼴이 될 것이다. 왜냐하면 앞서 제시한 모든 예에서 상대방이 말하는 것이 옳기 때문이다. 좀 더 풀어 설명하자면, 상대방의 말이 실제로 논의의 주제와 모순되는 것이 아니고, 그렇게 보일 따름이기 때문이다. 따라서 그의 공격을 받은 사람은 그가 이끌어낸 결론에 대해 논리적 일관성을 부정해야 한다. 다시 말해서 나의 명제는 틀렸다고 하면서 자기의 명제는 옳다고 결론 내리는 상대방의 방식을 다시 반박해야 하는 것이다. 그러므로 이것은 상대방의 논리적 추론방식을 문제 삼아 직접적으로 재반박하는 방법이다.

상대방의 추론이 얼마나 일사불란하게 전개될지를 미리 알고 있기 때문에, 그가 제시한 참된 전제들도 인정해주면 안 된다. 이럴 때 대비하는 방법이 바로 앞서 소개한 〈법칙 9〉와 뒤에 나올 〈법칙 35〉 기술이다.

안락사를 찬성하는 당신은
이해하지 못하겠지만,
환자가 원한다 해도 생명은
쉽게 버릴 수 있는 것이 아닙니다.
영원히 되돌릴 수 없는 일이니까요.

생명의 소중함을 모르는 사람도 있나요?
저는 그걸 부정한 적이 없습니다.
다만 환자와 그 가족이 원할 때는
고통을 줄이기 위해 긍정적으로
검토해야겠지요.

동음이의어를
이용하라

동음이의어를 사용하는 기술. 발음이 같은 단어라는 점만 빼놓고는 논쟁 중인 사안과 전혀 공통점이 없는 데까지 상대방이 제시한 주장을 확대해놓고, 확대된 측면을 명쾌하게 반박함으로써 마치 상대방의 주장 자체를 반박한 것 같은 인상을 주는 방법이다 (동음이의어는 문자 그대로 발음은 똑같지만 뜻이 전혀 다른 단어를 뜻한다. 예컨대 '배'라는 단어가 boat, double, pear, belly 등등의 여러 가지 의미를 가진 경우 — 옮긴이).

기억해야 할 한 가지 : 이음동의어異音同義語(Synonyma)는 같은 개념을 나타내는 두 개의 서로 다른 말이고, 반대로 동음이의어同音異議語(Homonyma)는 같은 낱말에 의해 표현되는 서로 다른 두 개의 개념을 가리킨다. 이에 관해서는 아리스토텔레스의 《변증론》 제1권 제13장을 참조하라. 예컨대 독일어 단어인 'tief', 'schneidend', 'hoch' 등은 물체에 관해 사용하기도 하고 소리에 대해 사용하기도 하는데, 각각 '깊은'과 '낮은', '살을 에는 듯한'과

'찢어지는 듯 날카로운', '키가 큰'과 '소리가 높은' 등의 의미가 있다. 반대로 'ehrlich'와 'redlich'는 서로 다른 단어지만 둘 다 '정직하다'는 뜻의 이음동의어다.

이 논쟁의 기술은 동음이의어 기법을 담은 궤변술과 같은 것으로 간주할 수 있다. 다만, 누가 봐도 빤히 알 수 있는 동음이의어 궤변은 심각하게 사람을 기만하지는 않을 것이다.

모든 빛은 꺼질 수 있다.
이성은 빛이다.
이성은 꺼질 수 있다.

여기서 우리는 네 개의 명사가 있음을 곧바로 알 수 있는데, '빛'이란 단어의 경우 한 번은 직설적으로 사용되었고 또 한 번은 상징적으로 쓰였다.

그러나 이 기술을 섬세하게 사용하는 경우엔 확실하게 속임수를 유발할 수 있다. 다시 말해서 같은 표현으로 지칭할 수 있는 개념들이 서로 관련되어 있거나 중첩되는 경우에 상대를 속이는 기술로 쓸 수 있다는 것이다.

사례 1[7]

갑 : 당신은 아직 칸트 철학이라고 하는 비밀종교에 가입하지 않았군요.

을 : 아, 나는 비밀종교 같은 것에는 전혀 관심이 없거든요.

사례 2

상대방으로부터 모욕적인 언사를 들어 명예가 훼손되는 경우, 좀 더 강력한 모욕으로써 혹은 피로써 — 상대방의 피든 나의 피든 — 그걸 씻어야 한다는 '명예의 원칙'이 있는데, 나는 그런 명예의 원칙을 바보 같은 짓이라고 비난했다. 그리고 나는 그에 대한 근거로 진정한 명예는 사람이 마음으로 고통을 겪어서 훼손되는 것이 아니라, 오로지 사람의 외적인 행동에 의해서만 훼손되는 것이라는 말을 인용하기도 했다. 왜냐하면, 사람들은 저마다 다른 마음의 고통을 받고 별의별 일을 다 겪을 수 있기 때문이다.

이에 관해서 상대방은 내가 내세운 근거를 직접적으로 공격해왔다. 그는 나에게 분명히 말했다. 예를 들어서 어떤 상인을 보고 — 사실과는 다르게 — 장사를 하는 과정에서 사기를 친다든지, 불법적인 행위를 한다든지, 흐리멍덩한 사람이라는 그릇된 비난을 퍼붓는다면, 이것은 그의 명예에 대한 공격이고, 이런 경우 상인의 명예는 오로지 그가 마음으로 겪는 고통에 의해서 훼손되는 것이 아니겠느냐, 그리고 그런 엉터리 공격을 해온 자를 징벌하거나 그런 모욕을 취소하도록 해야만 비로소 상인의 명예가 회복되지 않겠느냐, 하는 내용이었다.

여기서 동음이의어의 기술을 사용했다.

'시민의 명예'는 보통의 경우엔 '좋은 평판'이라고 불리며, 오로지 중상모략을 통해서만 훼손될 수 있다. 반면 '기사騎士의 명예'는 보통 '명예에 관한 문제'라고도 불리며, 이것은 모욕적인 언사에 의해서만 훼손된다. 그런데 여기서 나의 상대방은 동음이의어 기술을 사용함으로써 '시민의 명예'를 '기사의 명예'라는 개념에다 갖다 붙인 것이다. 그리고 전자(시민의 명예)에 대한 공격은 그냥 모른 체 넘어갈 수 없으며 공개적인 반박을 통해서 물리쳐야 하기 때문에, 후자(기사의 명예)에 대한 공격 또한 당연히 좌시하고 넘어갈 수 없으며 더욱 더 강력한 모욕이라든지 결투를 통해서 물리쳐야 한다는 것이다.

이런 식으로 '명예'라는 단어를 이용한 동음이의어 기술에 의하여 본질적으로 서로 다른 두 가지 사안이 혼합되었다. 이로써 동음이의어 기술을 통한 '쟁점의 전이轉移 혹은 변형'이 이루어진 것이다.

미국 레이건 대통령 집권 당시의 일화다. 냉전이 지속되던 당시 미국은 B-1 폭격기 구매에 많은 예산을 썼다. 이는 정치적으로 매우 민감한 사안이었기에 기자회견장에서도 어김없이 질문이 들어왔다.

"정부가 B-1 구매에 엄청난 예산을 쓴 것으로 알고 있는데요?"

난처한 질문이었지만, 레이건은 옆에 서 있던 보좌진을 나무라면서 이렇게 말했다.

"비타민 B1을 사는 데 왜 그렇게 많은 돈을 썼나? 다시는 그러지 말게."

회견장은 웃음바다가 되었고, 레이건은 민감한 질문을 무사히 넘길 수 있었다.

법칙 27

상대가 무리한 주장을
하도록 자극하라

상대방의 주장을 반박하고 싸움을 걸면 상대방은 자극받아 자신의 주장을 과장하게 된다. 그러니까 나는 이처럼 반박을 통해 상대방을 자극함으로써, 그 자체로는 (혹은 적절한 한도 안에서는) 진실인 주장을 상대방이 진실의 한계 너머까지 과도하게 펼치게끔 유도할 수 있다. 그렇게 해놓고 내가 상대방의 지나친 과장을 반박하면, 마치 상대방의 원래 명제까지도 반박한 것처럼 보일 것이다.

거꾸로 나 역시 상대방의 반박에 자극받아 내가 제시한 명제를 과장한다든지 확대하는 쪽으로 말려들지 않도록 조심해야 한다. 상대방 역시 기회만 있으면 내가 펼친 주장을 내 의도보다 더 확대하려고 호시탐탐 노리고 있기 때문이다. 만약 상대방이 그런 수법을 쓴다면 곧바로 제동을 걸어야 하며, 내가 주장하는 범위의 경계선 안쪽으로 그를 다시 데려다 놓아야 한다. 이렇게 말하면서 말이다. "내가 말한 것은 딱 거기까지입니다. 그 이상의 뜻으로 말하진 않았어요!"

나에게 이런 모욕을 주다니,
그럼 당신은 내가,
토론의 상대자로도
부족하다는 거요?

아뇨,
내가 말한 건 당신의 말이
틀렸기 때문에
들을 가치가 없다는 것이었죠.

청중에게
호소하라

이것은 주로 학식 있는 지성인들이 별로 배운 것 없는 청중 앞에서 논쟁을 벌일 때 써먹을 수 있는 기술이다.

내가 지금 논쟁 중인 사안 자체에 대해서도 마땅한 논거가 없고, 또 논쟁의 당사자인 상대방 개인에 대해서도 트집 잡을 게 전혀 없는 경우라면, 이제는 청중을 겨냥해 하나의 엉뚱한 논거를 만들어내는 것이다. 다시 말해서 청중을 향해 타당성 없는 한 가지 주장을 하는 것인데, 물론 거기에 타당성이 결여되었다는 사실은 오직 전문가들만이 인식할 수 있어야 한다.

상대방은 전문가라서 그걸 이내 알아차리지만, 전문가가 아닌 청중은 그걸 알 길이 없다. 그러므로 청중의 눈에는 마치 상대방이 패배한 것으로 보인다. 특히 내가 주장했던 것이 어떻게든 상대방의 주장을 아주 우스꽝스럽게 보이도록 만들어버리면 더욱 그렇다. 껄껄 웃는 일이라면 사람들은 언제라도 준비가 되어 있는 법이다. 그리고 웃음을 터뜨리는 청중은 모두 내 편이 되는 것이다.

상대방은 내가 주장한 것이 터무니없다는 사실을 증명하려면 지루한 논쟁을 벌여야 하고, 그러려면 과학의 원칙이라든지, 그 밖의 학문적인 문제들을 죄다 건드려야 한다. 반면에 청중은 쉽사리 그의 말을 들어주려 하지 않는다.

사례

상대방이 이렇게 말한다. "태초에 산맥이 형성될 때 화강암이라든가 그 밖의 모든 산을 이루는 결정체의 기반이 된 물질의 덩어리는 열에 의해서 액체 상태였고, 따라서 녹아 있었습니다. 그때 액체의 온도는 섭씨 200도 정도였을 겁니다. 틀림없어요. 그러다가 이 물질 덩어리가 그것을 덮고 있던 바다 표면 아래에서 굳어버린 것입니다."(지향사 학설geosyncline. 산맥의 형성을 설명하는 지질학 학설로, 19세기 중엽 당시의 최신 이론이자 통설 — 옮긴이)

이때 나는 청중을 겨냥하여 이런 논리를 펼친다. "그런 온도에서는, 아니 그보다 훨씬 낮은 섭씨 80도쯤에서 벌써 바닷물이 증발해 공기 중에 떠다니고 있을 걸요?"

이렇게 되면 청중은 박장대소를 하게 된다.

여기서 상대방이 내 말을 꺾으려면, 다음과 같은 사실을 보여주어야 할 것이다. "아니죠, 비등점이란 것은 온도뿐만 아니라 기압에 의해서도 상당히 좌우됩니다. 그리고 바닷물의 절반가량이 수증기 상태가 되어 공중으로 증발하게 되면, 기압도 함께 높아지기 때문에 온도가 200도로 치솟아도 물은 여전히 끓지 않거든요."

그러나 상대방은 이런 이야기를 할 기회가 없을 것이다. 왜냐하면, 물리학을 전공하지 않은 청중에게 이것을 이해시키려면 논문 한 편 정도의 설명이 필요하기 때문이다.

쇼펜하우어의 생각 엿보기

토론은 진리를
찾는 것이 아니다

쇼펜하우어에게 논쟁은 옳고 그름을 따지는 것이 아니었다. 그는 자신의 토론술을 '칼이 아니라 머리로 하는 싸움'이라고 정의했다. 오로지 승패만을 따지는 싸움처럼, 그의 토론술 역시 마찬가지다. 어떻게 공격하고, 어떻게 방어할 것인지가 가장 중요하다. 그래서 자신의 토론술을 '논쟁적 토론술'이라 불렀다.

우리는 가끔 다른 사람과 토론을 벌여야 할 때가 있다. 그러나 논리보다는 여론에 떠밀리고, 상대방의 술책에 넘어가 입심이 달릴 때도 있다. 이럴 때 쇼펜하우어는 상대에게 억지를 쓴다고 외치거나 의미 없는 질문을 쏟아내고, 그마저도 통하지 않을 땐 인신공격을 하라고 말한다. 모두 쇼펜하우어가 말하는 '논쟁에서 이기는 법칙'들이다.

이 법칙들은 쇼펜하우어가 떠난 지 1세기가 지난 지금에도 여전히 유효하다. 예나 지금이나 목소리 큰 사람이 이긴다는 말처럼, 수단과 방법을 가리지 않고 상대를 이기려는 사람의 본성을 정확히 지적했기 때문이다.

이 책은 논쟁에서 이기고, 방어하고, 승리하는 법칙을 소개한다. 무엇이 진실인지 가리는 것은 그다음 문제다. 논쟁은 이기기 위해 하는 싸움이다. 그러나 단순히 이기는 법칙에 매몰되지 않고, 행간을 읽어야 한다. 상대방이 어떻게 날카로운 비수를 준비하고 청중을 현혹하는지, 그동안 보이지 않았던 논쟁의 본질을 낱낱이 볼 수 있기 때문이다.

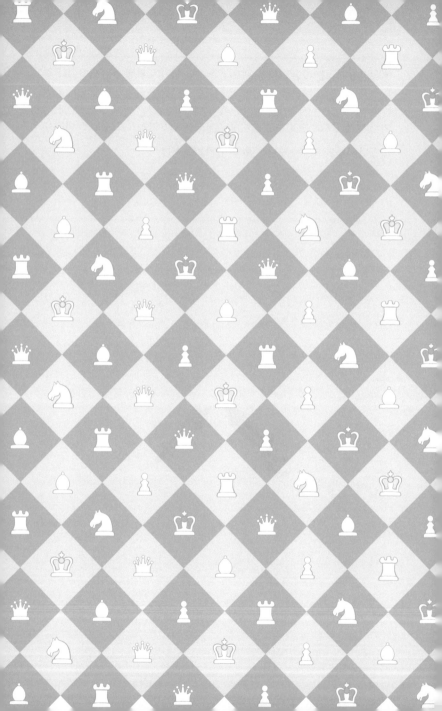

넷

'내가 항상 옳을' 수 있는
38가지 논쟁의 법칙

승리하라

법칙 29

서둘러
결론을 내려라

상대방이 어떤 전제로 주장하는지 캐물어서 알아냈고, 상대방도 그것을 시인했다고 치자. 그렇다면 나는 더 이상 다른 것을 묻지 말고 거기서부터 곧바로 결론을 이끌어내야 한다. 심지어 한두 가지의 전제가 아직 부족한 경우라 할지라도, 상대방이 그냥 인정한 것으로 받아들이게 만들면서 결론을 도출해야 하는 것이다.

이렇게 되면 '이유 같지도 않은 이유로 기만'하는 기술을 사용하는 셈이다.

이런 트릭은 상품 판매에서도 흔히 볼 수 있다. 명절 선물세트를 사려는 사람이 적은 구성의 저렴한 상품을 찾을 때 점원이 하는 말이다.

3만 원짜리는 없나요?

> 네, 전부 팔렸어요. 그래서 10만 원짜리 세트로 구성했습니다. 반응이 좋아요.

구매자는 저렴한 선물세트를 원했고, 상품이 없다면 발길을 돌릴 참이었다. 그러나 점원은 비싼 상품을 내놓은 이유로 저렴한 상품의 품절을 들었다. 게다가 반응이 좋다는 말까지 꺼내 3만 원짜리 상품에 대해 구매자가 말할 수 없도록 한 것이다.

이미 승리한 것처럼
뻔뻔스러운 태도를 취하라

이건 아주 뻔뻔스러운 트릭이다. 예를 들어서 상대방에게 여러 가지 질문을 던져 거기에 대한 대답을 얻어냈음에도 불구하고, 내가 의도하는 결론을 내는 데 유리한 대답은 그의 입에서 아직도 나오지 않았다고 가정하자. 이런 경우 내가 이끌어내고자 하는 최종 결론이 — 지금까지 상대방이 내놓은 대답으로는 그런 결론이 도저히 나올 수 없음에도 불구하고 — 마치 그로써 증명된 것처럼 내세우고 의기양양한 태도를 보이는 것이다.

상대방이 소심하거나 지능이 모자라고, 내가 지극히 뻔뻔스러운 태도와 괄괄한 목소리를 가지고 있다면, 이 기술은 멋지게 먹혀들어갈 것이다.

이 기술은 '근거로 써먹을 수 없는 것을 근거로 가정하는 기만술'에 속한다.

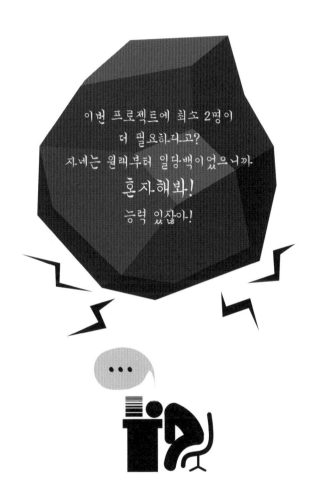

우격다짐으로
억지 결론을 이끌어내라

상대방의 의도와는 관계없는 결론을 만들어내는 기술이다. 상대방이 논증을 펼치며 사용한 여러 가지 개념을 엉터리로 추론하고 왜곡함으로써 그가 제시한 주장으로부터 상대방의 의도에 들어 있지도 않은 명제, 오히려 터무니없고 위험한 명제를 억지로 이끌어내는 것이다.

그렇게 되면 이제 어떤 일이 벌어지는가? 상대방이 애초에 제시한 명제로부터, 그의 주장에도 들어맞지 않고, 그가 이미 인정했던 진리와도 부합하지 않는 명제들이 도출된 것처럼 보인다. 따라서 이것은 간접 반박에 해당한다.

이것은 근거가 될 수 없는 것을 근거로 삼아 상대방을 속여 넘기는 기만술이기도 하다..

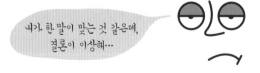

법칙 32

반증 사례를 찾아
단숨에 끝내라

라틴어로 'exemplum in contrarium'이라는 반증 사례를 사용한 간접 반박 기술이다.

귀납법으로 보편적인 명제를 제시하려면 대단히 많은 양의 사례가 있어야 한다. 이에 반해 연역적으로 펼치는 논증은, 보편적 명제와 부합하지 않는 단 하나의 사례만으로도 그 명제를 무너뜨릴 수 있다. 그와 같은 단 하나의 사례를 '반증' 혹은 '반증 사례'라고 부르는 것이다.

예를 들어 "되새김 동물은 모두 뿔을 가지고 있다."라는 명제를 생각해보자. 이 명제는 딱 한 가지 반증 사례만 있으면 즉시 무너진다. 바로 '낙타'다. 그러니까 '반증'이란 '보편적인 진리'를 이용하는 것이다. 즉, 보편적 진리의 주된 개념에 포함되기는 하지만 그 진리에 부합하지 않는 하나의 사례를 이용하는 것이며, 그로 인해 그 진리를 완전히 뒤집을 수 있는 것이다. 다만 이때 상대방의 속임수가 있을 수 있다. 따라서 상대방이 반증 사례를 내놓는 경우, 아래와 같은 몇 가지를 조심해야 한다.

①상대방이 제시한 사례가 현실적으로 옳은 것인지의 여부

수많은 기적이나 유령 이야기처럼 현실적으로 옳지 않아야만 유일한 해결책이 되는 경우가 있기 때문이다.

②상대방이 제시한 사례가 지금 논의하고 있는 진리의 개념에 정말 포함되는가의 여부

왜냐하면 얼핏 겉으로 보기에만 그런 것 같은 경우도 허다하기 때문이다. 이럴 땐 사안을 예리하게 구분해서 해결해야 한다.

③상대방이 제시한 사례가 지금 논의하는 진리와 모순이지는 않은지 여부

역시 겉으로만 모순인 것처럼 보이는 경우도 허다하니까

인천상륙작전 한국전쟁 발발 후 국군과 연합군이
낙동강 방어선을 구축하고 버틸 때

다. 맥아더는 수세에서 공세로 전환하기 위해 인천 상륙을 강력하게 주장했지만,
수뇌부는 일본 방어를 이유로 거절했다.

"조수간만의 차가 크기 때문에 인천은 불가능하고, 본진 방어선인 낙동강과 거리
가 멀어 허리가 끊길 위험이 있으며, 한반도에 병력을 집중하면 일본 방어선에 공
백이 생긴다."

맥아더는 이 논거를 일거에 뒤집어버린다.

"바로 그래서 적이 방심하고 있을 것이다!"

결국 맥아더의 주장대로 연합군은 치밀한 작전계획을 수립하였고, 인천상륙작전
은 불후의 대작전으로 남았다.

법칙 33

동기를 건드려서
의지에 호소하라

    실제로 이 기술을 사용할 수 있는 상황이라면, 다른 논쟁의 기술은 모두 필요 없게 된다. 즉 논리적인 근거를 이용해서 상대방의 지성에 호소하는 대신, 동기를 통해서 상대방의 의지意志에 호소하는 기술이다. 그렇게 하면 내 견해가 정말 어처구니없는 것이라 할지라도 상대방은 말할 것도 없고, 듣고 있는 청중까지도 — 물론 그들이 상대방과 이해관계가 있다면 — 금방 나의 견해를 따르도록 끌어들일 수 있다. 왜냐하면, 10g에 불과한 '의지'가 100kg의 분별이나 확신보다도 훨씬 더 무게가 있기 때문이다.

    그렇지만 이 기술은 물론 특정한 상황에서만 가능하다. 내 견해가 옳은 것으로 증명될 경우, 상대방 자신이 눈에 띄게 큰 손해를 입을지도 모른다는 생각이 들도록 해야 한다. 그래야 마치 경솔하게 움켜쥐었던 뜨거운 쇳덩이를 놓아버리듯이, 자신의 주장을 얼른 취소할 것이다.

    예를 들어 어떤 성직자가 특정한 철학적 도그마를 옹호한다고 가정하자. 이럴 때 나는 그의 입장과 그가 속한 교회의 근본 교리가 갈등관계에 있다는 사실을 간접적으로 보여주면 된다. 그러면 이 성직자는 그런 도그마를 곧장 내려놓고 말 것이다.

또 다른 예로, 널찍한 영지를 소유한 지주가 대단히 우수한 영국의 기계 시스템 덕분에 수많은 노동자를 대신할 수 있는 증기기관의 우수성을 칭송한다고 치자. 이럴 땐 앞으로 말이 끌던 마차도 증기기관으로 대체될 것이고, 그렇게 되면 그가 소유하는 사육장의 수많은 말의 가격도 폭락할 것이란 사실을 이해시키는 것이다. 그런 다음 그가 어떤 반응을 보일지 지켜보자.

위와 같은 여러 경우에 모든 사람이 느끼는 감정은 대개 이런 것이다. "우리는 얼마나 경솔하게 우리의 이해와 상반되는 법률을 만들어내는가!"(호라티우스의 《풍자시집 Saturae》 제1권, 제3장에서)

우리 논쟁을 듣고 있는 청중이 나랑 똑같은 종파나 길드, 또는 기업이나 모임 등에 속한 사람들이고, 상대방은 그렇지 않은 경우에도 사정은 마찬가지다. 설사 상대방이 내세우는 논제가 여전히 옳더라도 상관없다. 그의 견해가 위에서 말한 종파나 길드처럼, 조직을 위한 공동의 이해에 반한다는 사실을 내가 암시하기만 해도, 청중은 모두 상대방의 논거가 취약하고 형편없다고 생각할 테니까. 그의 논거가 아무리 훌륭해도 말이다.

반면에 내가 펼치는 논거는 설사 그게 아무리 날조된 거라 할지라도, 올바르고 적절하다고 믿어줄 것이다. 그리하여 나의 의견에 동조하는 함성이 드높게 울려 퍼질 것이고, 상대방은 창피함을 느끼면서 토론장을 빠져나갈 수밖에 없을 것이다.

그는 청중들이 대부분 말할 필요도 없이 순수한 확신을 바탕으로 나의 견해에 동조했다고 생각할 것이다. 왜냐하면, 스스로에게 불리한 것은 오성의 눈에도 대체로 부조리하게 보이기 때문이다. 프랜시스 베이컨이 《새로운 오르가논 *Novum Organum*》 제1권에서 갈파했듯이, 오성이란 기름도 없는 상태에서 타오르는 빛이 아니니까. 아니, 오히려 오성은 의지와 열정이라는 자양분을 먹고 사니까.

이 논쟁의 기술을 일컬어 우리는 "나무를 뿌리째 뽑는다!"고 표현할 수도 있으리라. 이 기술은 보통 '이해를 고려하는 논증'으로 불리기도 한다.

당연한 얘기지만, 정치인들도 이처럼 대중을 상정하고 정책을 추진한다. 대중이 쉽게 동조할 수 있는 말을 하고, 상대방이 논쟁을 포기하도록 하는 것이다. 얼마 전 뜨겁게 달아올랐던 <테러방지법>과 관련해 옹호하는 쪽과 반대하는 쪽은 서로 대중의 동조를 구했다.

옹호 : 테러는 언제 어디서든 발생할 수 있습니다. 우리나라도 더는 테러 안전지대가 아니고, 우리 가족 누구든 테러의 위험에 노출되어 있습니다.

반대 : 테러방지법이 통과되면 개인정보와 통신기록을 정부가 통제하게 됩니다. 우리 가족 중 누구라도 정부가 원한다면 신상정보가 노출되는 것입니다.

'나무'를 반박함으로써
'숲' 자체를 물리치라

이것은 가장 중요한 논쟁의 기술 가운데 하나다.

논쟁하고 있는 사안에 대해 상대방의 말이 옳기는 하지만, 다행스럽게도 상대가 자신의 말을 뒷받침할 증거를 잘못 선택하는 경우에는 매우 손쉽게 상대방의 증거를 반박할 수 있다. 그렇게 되면 나는 상대방의 잘못된 증거를 반박하면서, 상대방이 내놓은 사안 자체까지도 반박할 수 있는 것이다.

이것은 근본적으로 문제의 본질을 따지는 대신에 누구의 추론인지를 따지는 '대인논법對人論法'이 되는 것이다. 이런 경우 상대방이나 이해관계 있는 주위 사람들이 올바른 증거를 떠올리지 못한다면, 내가 승리를 거두는 것이다.

예를 들어보자. 신의 존재를 증명하기 위해 존재론적인 증거를 제시한다면, 이는 얼마든지 반박당할 수 있다. 그것은 마치 형편없는 변호사들이 유리한 소송에서조차 패배하는 것과 다름없다. 그런 변호사들은 자기가 맡은 소송에 적용할 걸맞은 법 조항조차 생각해내지 못하고, 전혀 어울리지 않는 조항으로 변호하려 들기 때문이다.

본질보다 중요한 '누구'

미세먼지를 줄이기 위해서는
경유차를 줄여야 하고,
그걸 위해서 경윳값을 올린다고 하셨는데,
몇 해 전에는 경제적이라는 이유로 경유차 구매를
장려하지 않았습니까? 그때는 경유차가
미세먼지의 원인이 아니었나보죠?

내 결론을 상대가
예측하지 못하게 하라

결론을 내리려고 하더라도, 내 결론을 상대방이 예측하도록 내버려두면 안 된다. 오히려 대화를 이끌어가는 도중에 상대방이 정신이 혼란스러워 내가 제시하는 여러 가지 전제를 자신도 모르는 사이에 하나씩 개별적으로 시인하게끔 하라. 그렇지 않으면 상대방은 온갖 술책을 시도할 것이다.

행여나 상대방이 내가 펼치는 전제를 시인하지 않을 것처럼 보이면, 그 전제에 관한 또 다른 전제들을 제시하라. 말하자면 도출된 결론을 다시 다른 명제의 전제로 이용하는 소위 '전前삼단논법'을 써먹는 것이다. 그런 식으로 여러 개의 전제에 대해서, 순서에 구애받지 말고 하나씩, 상대방의 시인(동의)을 받아내라. 아울러 나에게 필요한 시인을 다 얻어낼 때까지 상대방에게는 반드시 나의 게임을 꼭꼭 숨겨야 한다. 그러니까 논의 중인 사안을 먼 데서부터 이끌어가라는 얘기다. 이 규칙은 아리스토텔레스의《변증론》제8권 제1장에 나오는 것이다.

굳이 예를 들 필요는 없을 것이다.

법칙 36

마구잡이로
질문을 던져라

　결론을 이끌어내기 위해 필요한 질문들은 질서정연하게 하지 말고, 마구잡이로 던져라. 그러면 상대방은 도대체 내가 무엇을 원하는지 알 수가 없을 것이며, 따라서 나의 질문에 대해 사전에 대비하지도 못할 것이다.

　그러면 나는 그렇게 얻은 상대방의 대답을 이용해서 다양한 결론을 이끌어낼 수도 있고, 심지어는 답변이 나오는 상황에 따라서 정반대의 결론을 이끌어낼 수도 있다.

　논쟁하는 요령을 상대방에게 감추어야 한다는 의미에서, 이것은 〈법칙 35〉와도 긴밀하게 연관되어 있다.

'안개작전'을
써먹어라

역설적이거나 모순적인 명제를 하나 제시했는데 그걸 증명할 길이 막연한 경우, 안개작전을 사용하자. 삼척동자도 알 수 있을 정도로 너무도 빤하게 참된 명제는 안 되겠지만, 무엇이 되었건 하나의 참된 명제를 상대방에게 제시한다. 그리고 마치 내가 그 명제를 증명하고 싶은 것 같은 인상을 풍기면서 상대가 그것을 받아들이든지 거부하도록 만든다. 그런 다음 상대방이 의구심을 품고 그걸 거부하면, 그 명제는 부조리한 것으로 증명되는 것이고, 나는 승리하는 것이다.

반대로 상대방이 그 명제를 받아들이면, 일단은 내가 합리적인 말을 한 마디 한 셈이니까, 좀 더 상황을 지켜봐야 할 일이다. 하지만 상황을 지켜볼 만한 여유가 없을 때, 앞에서 설명한 〈법칙 30〉을 여기에 적용할 수 있다. 즉, 지금까지 진행된 논의에서 내가 제시한 역설(모순)이 증명되었다고 주장하는 것이다. 이렇게 하기 위해서는 극도의 뻔뻔스러움도 필요하다. 이런 것들을 본능적으로 척척 해내는 사람들도 있지만, 경험으로도 충분히 터득할 수 있다.

이길 수 없다면
인신공격도 불사한다

상대방이 나보다 우월하고, 내가 도저히 이길 수 없다는 생각이 드는 경우, 인신공격이나 모욕 같은 무례한 방법을 사용한다. 내가 이미 패배하는 상황에서 상대방의 신상을 공격하는 것은, 쟁점을 떠나서 상대방의 인격을 어떤 식으로든 공격한다는 뜻이다. 우리는 이것을 대인논법과 구별해서 '인신공격을 통한 논쟁'이라 불러도 좋을 것이다.

대인논법은 상대방이 논쟁의 주제에 관해 주장하거나, 인정한 내용만을 붙들고 논쟁하기 위해서 순전히 객관적인 주제를 버리고 시작한다. 그러나 인신공격을 통한 논쟁은 쟁점을 완전히 버리고 오로지 상대방의 신상이나 인격을 공격의 목표로 삼는 것이다. 당연히 상대방에게 상처 입히고 악의적이며, 모욕적이고 거칠게 대할 각오를 해야 한다. 이것은 영혼의 힘을 떠나서 육신의 힘과 야수성野獸性에 호소하는 방법이다. 그런데도 이 방법은 누구나 쓸 수 있기 때문에 많은 사람이 애용하는 기술이고, 그만큼 빈번하게 쓰일 것이다.

자, 그런데 여기서 문제가 하나 생긴다. 상대방이 인신공격에 어떻게 대응하느냐의 문제다. 상대방 역시 똑같은 방식으로 맞선다면, 우리의 논쟁은 저잣거리의 싸움질이나 명예훼손에 관한 소송으로 변질될 테니 말이다.

"상대방이 지저분한 인신공격을 하더라도 나는 똑같이 맞받아치지 않으면 돼!"라고 생각한다면, 이건 매우 큰 실수를 저지르는 꼴이다. 왜 그럴까? 토론에서 승리하는 경우를 보면 다 그렇듯이, 거칠고 모욕적인 표현으로 상대를 자극하는 것보다는 아주 침착한 태도로 상대방의 주장이 틀렸음을 지적하는 것이야말로 상대를 더 격분시키기 때문이다.

왜냐고? 토머스 홉스의 《시민론 *On Citizen*》 제1장에 그 대답이 나온다. "인간이 진정한 기쁨과 즐거움을 느끼는 이유는 자신보다 못한 사람과 비교해서 자신이 더 우월하다고 생각하기 때문이다."

인간에게 허영심을 충족하는 것보다 더 큰 기쁨이 또 있을까? 그러니 허영심에 상처를 입은 것만큼 매섭게 아픈 일이 무엇이겠는가? (바로 여기서 "명예가 목숨보다도 더 소중하다." 같은 말이 나온 것이다.) 이처럼 허영심을 충족하는 것은 주로 자신을 남들과 비교하는 데서 이루어진다. 모든 면에서 일어날 수 있지만, 주로는 지성의 힘과 관련한 비교에서 생긴다.

위에서 말한 지성의 힘은 바로 논쟁을 벌일 때 효과적이고도 강력한 위력을 발휘한다. 그러므로 논쟁에서 패한 사람은 격한 분노를 느끼게 되고, 바로 그 이유로 마지막 수단인 이 38번째 논쟁의 기술을 움켜쥐는 것이다. 그러니까 내 쪽에서 단순히 예의를 차리는 것만으로 상대가 펼치는 이 마지막 수단을 비껴갈 수는 없는 노릇이다.

그렇지만 얼음처럼 차갑게 냉정할 수 있다면 큰 도움이 될 수 있다. 즉, 상대방이 인신공격으로 나오기 시작하면, 그런 건 논쟁의 사안과 무관하다고 침착하게 대답해주는 것이다. 그런 다음 즉시 쟁점으로 돌아와서 상대방의 주장이 틀렸음을 계속해서 증명해야 한다. 이때 상대방의 모욕적인 말에는 일절 대응하지 않는다. 마치 테미스토클레스가 유리비아데스한테 했던 말처럼 말이다. "나를 두들겨 패도 좋지만, 그래도 내 말은 좀 들어보시오!" 그러나 이건 아무나 할 수 있는 일이 아니다.

그러므로 단 하나 확실한 대응 방법은 아리스토텔레스가 《토피카》의 마지막 장에서 밝혀 놓았다. "아무하고나 닥치는 대로 논쟁을 벌이지 말고, 내가 잘 아는 사람으로서 결코 터무니없는 소리는 하지 않을 사람, 어쩌다 불합리한 소리를 내뱉고 스스로 창피하게 여길 만큼 충분히 분별력 있는 사람들과 논쟁을 벌여야 한다. 또한, 권위적인 말로 이기려 하지 않고, 근거를 갖춰 토론하며, 내가 제시하는 합리적인 근거에 귀를 기울이고, 거기에 동의할 만큼 분별력을 지닌 사람들과 논쟁을 벌여라. 그리고 마지막으로 진리를 높이 평가하며, 비록 상대방의 입에서 나온 것일지라도 정당한 근거라면 기꺼운 마음으로 귀를 기울일 줄 아는 사람, 또 진실이 상대방 쪽에 있다면 자신의 의견이 부당함을 인정할 줄도 아는 사람과 논쟁을 하라."

이렇게 말해놓고 보면, 100명 가운데 내가 논쟁을 벌일 가치가 있는 사람은 한 명이 될까 말까 하다는 결론이 나온다. 나머지 사람들에 대해서는 그들이 말하고 싶은 대로 말하도록 내버려두어야 한다. '어리석은 것도 인간의 권리'이니 어쩌겠는가? 그리고 볼테르가 했던 말 또한 명심해야 한다. "평화가 진리보다 훨씬 더 소중하다." 그뿐인가, 아랍의 금언에는 이런 것도 있다. "침묵의 나무에는 평화의 열매가 열린다."

어쨌거나 논쟁은 머리를 맞대고 비비는 것으로서 상호 유용한 면도 많다. 논쟁을 통해서 각자의 생각을 수정하기도 하고, 새로운 견해를 창출하기도 하니까 말이다. 다만 그러려면 논쟁의 두 당사자의 학식이나 지적인 면이 엇비슷해야 할 것이다. 두 사람 중 한쪽의 지식이 부족하다면 논쟁 내용을 이해하지 못해서 같은 수준에 있을 수가 없고, 그로 인해 격렬한 분노가 촉발되어 정직하지 못한 속임수와 야만의 늪에 빠지게 될 것이다.

우호적이거나 가족적인 분위기에서 벌이는 논쟁도 있고, 엄숙하고 공적인 논쟁도 있다. 하지만 이들 사이에는 본질적인 차이가 없다. 다만 공적인 논쟁의 경우, 특정 논제를 옹호하는 사람은 상대방에 대해서 언제나 주장의 정당성을 입증해야 하며, 필요하다면 논쟁을 주재하는 사회자가 도와준다는 정도가 다를 뿐이다. 마지막으로 한 가지만 덧붙이자. 공적인 논쟁은 사람들이 훨씬 더 격식을 갖추어 토론에 임하고, 엄격한 논리적 추론이라는 엄격한 형식을 갖춰야 한다.

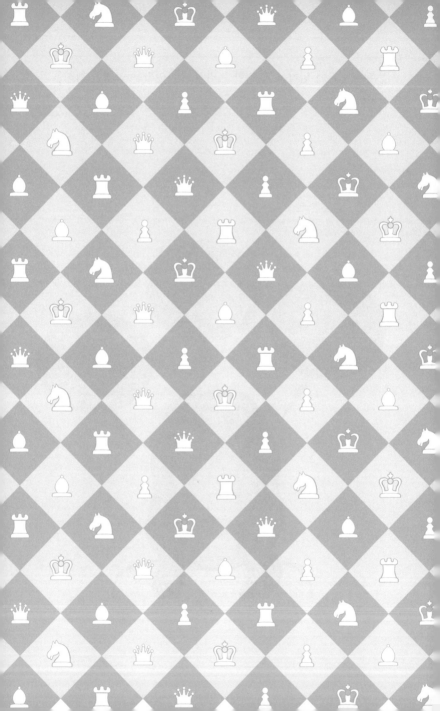

다섯

원래 '서문'으로
사용하려 했던 글

I.[8]

논리학Logik과 토론술Dialektik은 이미 고대 사람들에 의해서 동의
어로 사용되었다. 물론 '곰곰 생각하다, 심사숙고하다, 계산하다'
라는 뜻을 지닌 'λογίζεσθαι(로기제타이)'와 '담판을 짓다'는 뜻
을 지닌 'διαλέγεσθαι(디알레게타이)'는 엄연히 서로 다른 두 개
의 개념이지만 말이다.

디오게네스 라에르티우스의 말에 의하면, '토론술'이라든가
'토론학' 혹은 '토론자' 같은 명칭을 처음으로 사용한 것은 플라
톤이었다. 그리고 우리는 《파이드로스》, 《궤변론》, 《공화국》 제7권
등에서 플라톤이 그 이름을 '이성의 규칙적인 사용'이나 '이성을
사용하는 데 능숙해짐'이란 의미로 쓰고 있음을 찾아볼 수 있다.

아리스토텔레스는 이와 꼭 같은 의미로 'τά διαλεκτικά(타 디아
렉티카)'라는 용어를 쓰고 있다. 그러나 라우렌티우스 발라의 주

장으로는 그가 애초엔 이런 뜻으로 'λογική(로이케)'를 사용했다고 한다. 우리는 아리스토텔레스에게서 논리적인 골칫거리, 즉 시시콜콜한 흠잡기, 논리적인 전제, 아포리아, 즉 논리적인 난관 따위의 표현을 발견할 수 있다.

이와 같은 사실에 비추어보면 διαλεκτική(디알렉티케)라는 말이 λογική(로이케)보다 더 오래되었다고 볼 수 있을 것이다. 키케로와 퀸틸리아누스는 이와 같은 보편적인 의미로 토론술과 논리학이란 용어를 사용한다.

키케로의 《토피카》 제2장에 의하면 키케로는 루쿨루스Lucullus와의 대화에서 이렇게 말하고 있다. "토론술은 말하자면 옳은 것과 거짓 사이의 중재자 혹은 심판관으로서 등장하게 되었다. 왜냐하면 스토아학파 사람들은 자신들이 토론술이라고 불렀던 학문의 도움을 빌려 판단이 어떻게 내려지는가 하는 방법론을 면밀하게 검토했기 때문이다."

그럼 퀸틸리아누스는 어떤가? "그러니까 토론술 가운데 이 부분, 즉 내가 차라리 논리적으로 토의하는 기술이라고 부르고 싶은 이 부분은…" 따라서 그에게는 διαλεκτική(디알렉티케)라는 말의 라틴어 표현으로 '논리적으로 토의하는 기술'이 적절해 보인 것이다. (여기까지는 페트리 라미의 《토론술》, 1569에서 참조한 것임)

동의어로서의 '논리학'과 '토론술'이라는 말은 중세와 근세를 거쳐 오늘날까지도 계속해서 사용되고 있다. 그렇지만 근세에 들어와 사람들은 — 특히 칸트는 — '토론술'이라는 말을 '궤변적인 논쟁의 기술'이라는 대체로 나쁜 의미로 사용했다. 그러므로 상대적으로 좀 더 순수하게 들리는 '논리학'이란 표현을 한층 더 선호했다. 그러나 원래부터 그 둘은 같은 것을 의미하며, 최근에 이르러서도 사람들은 이 두 가지 표현을 다시 같은 것으로 간주했다.

II.

논리학과 토론술이 예로부터 동의어로 사용되어왔기 때문에, 그 두 낱말의 뜻을 내 마음대로 구분할 수 없으니 참으로 유감이 아닐 수 없다. 내 욕심 같아서는 '심사숙고하다, 계산하다'를 뜻하는 그리스어, 혹은 서로 분리할 수 없는 '말과 이성'을 뜻하는 '로고스'에서 유래된 '논리학'은 "사고의 법칙에 관한 학문, 즉 이성의 행동방식에 관한 학문"으로 정의하고 싶으며, '이야기를 나누다'라는 말에서 유래된 '토론술'은 현대적인 의미를 부여해서 '논쟁하는 기술'이라고 정의하고 싶다. (모든 담화나 이야기는 어떤 사실이나 의견을 전달한다. 다시 말해서 이야기에는 사실이 담겨 있거나 의도가 담겨 있다.)

이렇게 놓고 보면 분명히 논리학은 순수하게 선험적인, 즉 경험이 개입되지 않고도 규정할 수 있는 대상과 사고의 법칙, 그리고 이성(로고스)의 전개방식을 갖고 있다. 그렇기에 스스로의 판단에 따라 아무런 방해도 받지 않고, 즉 그 무엇에 의해서도 미혹되는 일 없이, 하나의 이성적인 존재가 홀로 사고할 때는 이러한 논리학의 방식을 따른다.

이에 반해서 '토론술'은 이성적인 두 존재 사이의 관계를 다루는 것이라 할 수 있다. 따라서 이 두 존재는 같은 대상을 두고 함께 사고하는데, 두 사람의 의견이 똑같이 가는 두 개의 시계처럼 일치하지 않게 되는 순간, 하나의 논쟁 또는 정신적 싸움이 되는 것이다. 이 두 개인이 순수한 이성을 지니고 있다면 의견의 일치를 보여야 할 터이다. 그들의 견해차는 본질적으로 각자의 개별성에서 오는 상이성相異性으로부터 생기며, 그런 견해차는 따라서 하나의 경험적인 요소다.

그러므로 사고의 학문, 다시 말해서 순수한 이성의 작동 방식인 논리학은 순전히 선험적으로 구축構築해볼 수 있다. 이에 반해 토론술은 대부분 경험적 혹은 귀납적일 뿐이다. 다시 말해서 토론술은 이성적인 두 존재가 어떤 문제를 놓고 생각할 때 인격의 차이 때문에 순수한 사고가 겪게 되는 여러 가지 장애에 대한 경험적 인식, 그리고 각자의 사고를 나름대로 순수하고 객관적인 것으로 상대방에게 관철하기 위해 서로 사용하는 수단에 대한 경험적 인식을 바탕으로 한다.

왜 그럴까? 하나의 문제를 둘이 함께 사고할 때 ― 즉, (역사를 대상으로 하는 대화를 제외하고) 자기 의견을 전달할 때 ― 그 같은 대상에 대한 을의 생각이 자기 생각과 다르다는 사실을 갑이 알아내는 순간, 갑은 무엇이 잘못되었는지를 찾아내기 위해 자신의 견해를 수정하는 게 아니라 을의 생각에 잘못이 있다고 전제하기 마련이다. 그게 인간의 본성이다. 다시 말해서 인간은 언제나 자기 자신의 견해가 옳다고 주장하려는 속성을 타고났다는 얘기다. 자, 그러면 이러한 인간의 속성에서 어떤 결과가 따를까? 내가 토론술이라고 부르고 싶은 수련법이 바로 그것을 가르쳐줄 것이다. 다만 오해를 피하고자 나는 이 방법을 '논쟁적 토론술(Eristische Dialektik)'이라고 부르고자 한다. 그러니까 이것은 "내가 항상 옳다"고 주장하는 인간의 태생적인 태도에 관한 가르침이라고 할 수 있을 것이다.

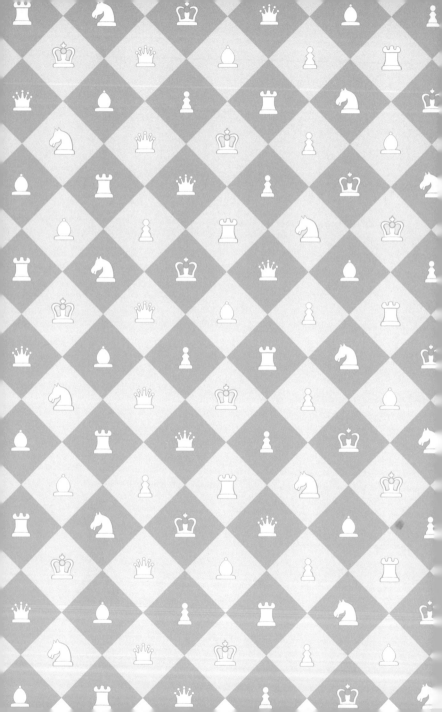

여섯

'논쟁적 토론술'이란
무엇인가?

논쟁적 토론술

   '논쟁적 토론술'이란 논쟁을 벌일 때 사용하는 기술이요, 정당한 수단을 쓰든 정당하지 못한 수단을 쓰든 '내 주장이 옳다'는 것을 증명하기 위해 논쟁을 벌일 때 사용하는 기술이다.[10] 그러므로 사안 자체에 서는 내가 객관적으로 옳으면서도, 주변 사람들의 눈에는 −심지어 때로는 나 자신의 눈에도− 옳지 않은 것으로 보일 수 있다. 이를테면 상대방이 내가 제시한 증거를 반박하고 이것이 (내 주장을 뒷받침하는 다른 증거들이 있을 수 있는데도) 마치 나의 주장 자체를 무력화시킨 것으로 간주한다면, 이것은 당연히 상대방한테 상황이 유리하게 뒤바뀐 경우이고, 그럴 때 상대방은 객관적으로 부당할지라도 겉으로는 옳은 것처럼 보이는 것이다. 그러므로 어떤 명제가 객관적으로 옳은가의 여부와 논쟁의 당사자들 및 청중들이 그 명제의 타당성을 승인해주는가는 별개의 문제다.(물론 토론술은 후자의 것을 지향하지만)

   이런 현상은 어디에서 비롯되는 걸까? 그것은 인간이란 종족의 타고난 사악함에서 출발한다. 인간이 사악하지 않다면, 즉 우리가 근본적으로 정직하다면, 우리는 토론을 할 때마다 단지 진실을 밝혀내는 일에만 전념할 텐데! 그와 같은 진실이 애당초 내가 주장한 견해로 귀결되든, 상대방이 주장한 견해로 귀결되든, 조금도 상관하지 않고서 말이다! 오히려 그런 것이야 아무렇지도 않거나, 혹은 적어도 완전히 부수적인 일에 지나지 않을 텐데. 그렇지만 이제는 그게 가장 중요한 일이니 어쩌겠는가. 특히 지적인 능력과 관계되는 경우에는 민감해지는 우리의 타고난 허영심은 내가 먼저 내세운 명제가 거짓으로 판명되고 상대방의 명제가 옳은 것으로 드러나는 것을 도무지 견디지 못한다. 정말 그러기를 원한다면 다른 무엇보다도 각자가 옳은 판단을 내리기 위해서 노력을 기울여야 할 것이다. 또 그러려면 말하기에 앞서 먼저 생각을 해야 하지 않겠는가.

　그러나 대개 인간은 타고난 허영심만으론 부족한지, 수다스러움과 타고난 '부정직함'까지 겸비하고 있다. 그래서 생각도 하지 않은 채 말부터 먼저 하고, 또 자신의 주장이 틀렸으며 자기가 옳지 않다는 것을 나중에 깨닫고 나서도 마치 사실은 '그와 반대인 것처럼 보여야' 직성이 풀린다. 나름대로 옳다고 생각하는 명제를 제시할 때엔 대개 진리에 대한 관심이 유일한 동기지만, 이제 그 관심은 허영심이라는 이해관계에 완전히 자리를 양보하고 마는 것이다. 그리하여 옳은 것은 거짓으로, 그리고 틀린 것은 참된 것으로 보여야 하는 것이다.

그러나 이처럼 부정직한 태도, 다시 말해서 나 자신의 눈에도 이미 틀린 것으로 보이는 어떤 명제를 그래도 끝까지 고집하는 데에는 나름대로 변명의 여지가 있긴 하다. 즉, 처음에는 내가 주장하는 바가 옳다는 것을 믿어 의심치 않았지만, 상대방의 논거로 인해서 이제 그것이 무너지는 것처럼 보이니까 말이다. 혹은 내 주장이 옳다는 것을 쉽사리 포기했다가, 시간이 흐른 다음에야 "아니야, 내 말이 옳았어!" 하고 뒤늦게 깨닫기도 하지 않는가. 단지 내가 그때 내놓은 증거가 잘못된 것이었을 뿐, 나의 주장을 입증해줄 올바른 증거가 분명히 있었을 테니까. 나를 구해줄 수 있었던 논거가 내 머리에 금방 떠오르지 않았을 뿐이니까. 그러므로 우리의 가슴속에는 이제 하나의 격언 또는 교훈이 자리를 잡는다. 아무리 상대방의 논거가 옳고 강렬하게 와 닿는 것처럼 보일지라도 그것 역시 잠깐 옳은 것처럼 보일 뿐이며, 논쟁을 계속하다 보면 상대방의 논거를 반박할 수 있는 논거라든지 다른 방식으로 나의 옳음을 증명해줄 다른 논거가 떠오를 것이라는 믿음을 갖고, 그와 맞서서 아직은 싸워야 한다는 교훈 말이다.

이렇게 하여 우리는 논쟁을 하면서 어쩔 수 없이 부정직한 사람이 되거나, 최소한 쉽사리 그런 유혹을 받게 된다. 이러한 방식으로 우리 이성의 무능함과 우리 의지의 그릇됨은 서로서로 도움을 주고받는다. 바로 여기에서 논쟁하는 사람은 대개 진리를 위해서가 아니라 자신의 명제를 위해서 싸운다는 결론이 도출되는 것이다. 이를테면 '집과 아궁이를 위해서' 싸우듯이 말이다. 그리고 이럴 때면 '수단과 방법을 가리지 않고' 행동한다. 앞에서도 보았듯이 그렇게 행동하지 않을 도리가 없으니까.

이처럼 사람들은 대개 — 설사 자신의 주장이 어느 순간 틀렸다거나 미심쩍게 보인다 할지라도 — 누구나 자신의 주장을 끝까지 관철하려 한다.[11] 이때 누구든지 이렇게 할 수 있게끔 보조수단이 되어주는 것은 바로 각 개인이 어느 정도 지니고 있는 교활함과 비열함이다. 논쟁의 자리에서 사람들이 매일 얻게 되는 경험이 이 사실을 가르쳐준다. 그러므로 모든 사람은 자기만의 타고난 논리학을 갖고 있는 것처럼, 자신의 타고난 토론술을 지니고 있는 것이다.

그러나 그 둘 가운데 후자(타고난 토론술)는 전자(타고난 논리학)만큼 확실하게 우리를 인도하지 못한다. 논리적인 법칙을 거슬러서 그리 쉽게 생각하거나 추론할 수 있는 사람이란 거의 없다. 그릇된 판단은 빈번하게 일어나지만, 그릇된 결론은 극히 드물다는 얘기다. 그렇기에 사람은 타고난 논리의 결핍을 보이는 경우가 별로 없는 것이다.

이에 반해 타고난 토론술의 결핍은 얼마든지 흔히 볼 수 있다. 토론술에 있어서는 사람마다 타고난 재능의 크기가 다 다르기 때문이다. (이린 점에서 토론술은 사람마다 타고난 재능이 다른 판단력과 마찬가지다. 하지만 이성은 누구나 본디 동일하게 타고난다.) 왜냐하면, 나의 주장이 틀림없이 옳은데도 순전히 상대방의 번지르한 논거 때문에 갈피를 못 잡고 반박을 허용하는 경우가 허다하기 때문이다. 물론 그와 정반대의 경우도 빈번하게 일어나지만.

그리고 논쟁에서 승리를 거두는 사람도, 자신이 명제를 제시할 때의 훌륭한 판단력 덕분에 이기는 게 아니라, 그 명제를 방어할 때의 그 교활함과 민첩함 덕분에 이기는 경우가 허다하다. 다른 경우도 모두 다 그렇겠지만 여기서도 이런 소질을 천성적으로 타고 나는 것이 가장 좋을 것이다.[12] 그렇지만 연습을 많이 한다든지, 내가 상대방을 제압할 때 사용하는 여러 가지 어법과 상대방이 나를 제압하기 위해서 주로 사용하는 어법을 곰곰 생각해보는 것도, 내가 이런 기술의 대가大家가 되는 데 큰 도움이 된다 하겠다.

어쨌거나 논리학이 실제적인 효용성을 거의 갖지 못하는 데 비해서, 토론술은 분명히 그런 효용성을 지닐 수 있다. 내가 보기에 아리스토텔레스 또한 자기 자신의 논리학을 무엇보다 토론술의 토대 혹은 준비과정으로서 설정했던 것 같다. 그리고 그에게는 바로 토론술이 주요한 사안이었던 것 같다. 논리학은 여러 가지 명제의 단순한 형식을 다루고, 토론술은 그런 명제들의 내용이라든지 질료(원료)를 다룬다. 그러므로 '특별한 것으로서의 내용'에 대한 고찰을 하기에 앞서, '보편적인 것으로서의 형식'에 대한 고찰을 해야만 했다.

아리스토텔레스는 내가 그랬던 것처럼 자로 잰 듯 날카롭게 토론술의 목적을 규정하지는 않았다. 그러니까 논쟁(말싸움)을 토론술의 주된 목적으로 인정하면서도, 동시에 진리의 발견도 주된 목적으로 간주했다는 얘기다. (《토피카》 제1권 제1장) 나중에 그는 다시 한 번 이렇게 말했다. "우리는 철학적으로는 진리를 추구하기 위해서 여러 가지 명제를 다루며, 토론술적으로는 겉모습이나 인정(동의)이나 타인의 의견을 얻기 위해서 명제를 다룬다." (《토피카》 제1권 제12장) 그러므로 아리스토텔레스 자신이 '어느 명제에서의 객관적 진리'와 '그 명제에 대한 주장의 관철 혹은 인정의 획득', 이 두 가지 사이의 차이와 구별을 확실히 의식하고 있는 것이다. 다만 그는 후자(어느 명제에 대한 주장의 관철)를 토론술의 특질로 허락할 정도로 충분히 날카로운 구분은 하지 않는다.[13] 그러므로 후자를 목표로 한 그의 여러 가지 규칙들이 전자를 목표로 한 규칙들과 뒤죽박죽 섞여버리는 경우가 많다. 그래서인지 내가 보기에는 아리스토텔레스가 자신의 과제를 깔끔하게 마무리하지 않았던 것 같다.[14]

그는 저서 《토피카》에서 그 특유의 학구적 정신으로 토론술을 정립하는 작업을 지극히 방법론적으로 또 체계적으로 수행했다. 그리고 실용적인 것임이 틀림없는 그의 목표가 딱히 두드러지게 달성되지는 않았지만, 그래도 그의 이런 작업은 찬탄을 받아 마땅하다. 아리스토텔레스는 자신의 저서 《분석학 *Analyticis*》에서 순수한 형식의 측면으로부터 개념, 판단, 결론 등을 들여다본 다음 내용이라는 것으로 넘어가는데, 여기서 그는 실제로는 오로시 개념만을 다루고 있다. 왜냐하면, 이런 개념 안에 바로 내용이 들어 있기 때문이다. 명제와 결론도 그 자체로서는 그냥 형식일 뿐이다. 그것들의 내용은 바로 개념이다.[15] 그리고 내용의 전개는 아래와 같다.

모든 논쟁은 하나의 논제나 문제를 갖고 있으며 (이 둘은 단지 형식만 다를 뿐이다) 또 그런 문제를 푸는 데 도움을 줄 명제를 갖고 있다. 이때 중요한 것은 언제나 개념과 개념 사이의 상호관계다. 그리고 이런 상호관계에는 우선 네 가지가 있다. 다시 말해서 우리는 하나의 개념으로부터 다음 네 가지 중의 하나를 추구한다. (1) 그것의 정의 (2) 그것의 속屬 (3) 그것의 독특한 성격이나 본질적인 특징 (4) 무엇이 되었건 그것의 속성 — 고유의 것이든 배타적인 것이든 상관없이 — 요컨대 '서술부敍述部.' 모든 논쟁의 문제는 바로 이 네 가지 관계 중의 하나로 귀착되는 것이다. 이것이 모든 토론술의 기초다.

토론술에 관한 8권의 책에서 아리스토텔레스는 이제 위의 네 가지 관점에서 개념들이 가질 수 있는 상호관계를 제시하고, 일어날 수 있는 모든 관계의 규칙을 제공한다. 즉 하나의 개념이 다른 어떤 개념의 본질적인 특징, 그것의 속성, 그것의 속, 그것의 정의가 되기 위해서는 그것과 어떻게 관계해야 하는지를 보여준다. 또한 개념 사이의 관계를 설정할 때 생기기 쉬운 오류는 어떤 것인지, 우리 자신이 그런 관계를 제시할 때는 무엇에 주목해야 하는지, 그리고 상대방이 그러한 관계를 제시할 때 그것을 무너뜨리고 싶으면 우리는 어떻게 해야 하는지 등등을 알려준다. 그런 각각의 규칙을 제시하는 것, 혹은 분류-개념에 관한 각각의 보편적 관계를 설정하는 것을 일컬어 아리스토텔레스는 토포스라 부른다. 그리고 그런 토포스의 382가지 예를 보여주는데, 여기서 《토피카》가 나온 것이다. 여기에다 그는 주로 논쟁에 대한 몇 가지 일반적인 규칙을 덧붙여놓고 있는데, 다만 이에 대해서는 길고 상세하게 설명하지 않고 있다.

그러니까 토포스는 순전히 질료에 관한 것이 아니며, 특정의 대상이나 개념과도 관련되지 않는다. 오히려 토포스는 항상 개념의 모든 분류 등급 사이의 관계를 다룬다. 여기서 관계란 위에서 설명했던 네 가지 관점 가운데 하나에다 무수히 많은 개념을 집어넣어 상호 고찰할 때 그런 개념들과 하나가 될 수 있는 관계를 가리킨다. 그러한 관계는 모든 논쟁에서 형성된다. 그리고 이 네 가지 관점은 그 밑에 다시 하위 등급을 가지게 된다. 그러니까 아리스토텔레스의 고찰은 아직도 어느 정도는 형식적이다. 하지만 논리학의 경우처럼 그렇게 순전히 형식적인 것만은 아니다. 왜냐하면, 그의 고찰은 여러 개념의 내용을 다루고 있기 때문이다. 그래도 이 역시 형식적인 방법으로 이루어진다. 다시 말해서 그의 고찰은 개념 B가 그것의 속으로서, 혹은 본질적 특징으로서, 혹은 우연한 속성으로서, 혹은 정의로서, 혹은 반대-원인과 결과-속성과 결핍 등등 하위 범주에 따라 제시될 수 있으려면, 개념 A의 내용과 개념 B의 내용 사이에 어떠한 관계가 형성되어야 하는지를 설명해준다. 그리고 모든 논쟁은 이와 같은 관계의 주변을 맴돈다는 것이다.

이러한 관계들의 토포스로서 아리스토텔레스가 그의 저서에서 보여주고 있는 대부분 규칙은 개념과 개념 간 관계의 본성에 속하는 것들이다. 다시 말해서 그 규칙들은 누구나 어렵잖게 알고 있으며 논리학에서처럼 상대방에게 당연히 지킬 것을 요구할 수 있다. 또 그에 대한 추상적인 토포스를 기억하기보다는 구체적인 경우에 훨씬 더 쉽게 관찰할 수 있고, 소홀히 하는 것도 훨씬 더 쉽게 알아차릴 수 있다. 그러므로 아리스토텔레스의 이 토론술은 실제로 그다지 효용성이 크지 않다. 너무나 당연한 것들을 얘기하고 있고, 대부분 건전한 이성의 소유자라면 너무도 당연하게 지킬 만한 것들을 말하고 있기 때문이다. 예를 들어보자. "우리가 하나의 사물에 대해 어떤 속 을 주장하게 되면, 어떻게든 이 속의 종 도 그 사물에 적합해야만 한다. 만약 그렇지 못하면 그 주장은 틀린 것이 된다." 예컨대 '영혼은 운동성을 지닌다.'라는 주장을 한다고 치자. 무엇이든 — 날아다니든, 걸어 다니든, 커지든, 작아지든 — 특정한 종류의 움직임이라는 속성이 영혼에 부여되어야 한다. 그런 속성이 없으면 영혼은 아무런 운동도 하지 않는 것이다. 이와 같이 종이 없는 존재는 속도 없다. 이것이 바로 토포스다(아리스토텔레스, 《토피카》 제2권 제4장). 이 토포스는 어떤 주장을 제시할 때나 전복시킬 때나 다 사용된다. 이것은 아홉 번째 토포스다. 또 거꾸로 말해서 속이 적합하지 않으면 종도 적합할 수가 없다. 예를 들어 어떤 사람이 다른 사람을 나쁘게 이야기했다는 주장이 있다고 치자. 이때 우리가 그 사람은 전혀 아무 말도 하지 않았음을 증명한다면, 그가 누구에 대해 나쁜 이야기를 했다는 주장도 번복된다. 왜냐하면 속이 없는 곳에서는 종도 있을 수 없으니까 말이다. 고유의 속성이라는 카테고리 아래 215번째 토포스는 이렇게 되어 있다.

첫째로 상대방의 의견을 뒤집어엎는 것에 대해서 : 상대방이 오로지 감각에 의해서만 인지할 수 있는 것을 어떤 사물의 고유한 속성으로 제시하면, 그것은 참으로 형편없이 제시한 경우다. 왜냐하면 감각적인 것은, 우리 감각의 영역을 벗어나는 순간, 모두 불확실해지기 때문이다. 예를 들어 상대방이 태양은 지구 위에 떠 있는 별들 가운데 가장 밝은 별이라면서, 그것을 태양의 고유한 속성으로 제시한다고 하자. 이것은 적합하지 못한 주장이다. 태양이 지고 나면 우리 감각의 영역 밖에 있기 때문에, 태양이 지구 위에 떠 있는지 알 수가 없으니 말이다.

둘째로 의견을 제시하는 것에 대해서 : 감각에 의해 인식되지 않는 속성이라든가, 감각에 의해 인식되더라도 필연적으로 존재하는 속성을 제시한다면, 그런 속성은 올바르게 제시되는 것이다. 예를 들어 표면에 대해서 그것은 맨 먼저 색깔이 입혀진다고 말한다면, 그것은 비록 감각적인 특성이기는 하지만 분명히 언제나 존재하는 것이기 때문에 올바른 제시다.

(아리스토텔레스, 《토피카》 제5권 제5장)

이상은 독자 여러분에게 아리스토텔레스의 토론술에 대한 이해를 돕기 위해 적어본 것이다. 내가 보기에 그의 토론술은 그 목적을 달성하지 못한 것 같다. 그래서 나는 다른 방식으로 그것을 시도해봤다. 키케로의 《토피카》는 기억을 더듬어서 아리스토텔레스의 《토피카》를 모방한 것이다. 그래서인지 지극히 천박하고 가련해보인다. 키케로는 토포스가 무엇인지, 그리고 그 목적이 무엇인지에 대해서 뚜렷한 개념을 전혀 갖고 있지 못하다. 그래서 그는 그냥 '머리에 떠오르는 대로' 온갖 의미없는 말들을 지껄이면서 거기에다 법률적인 예를 숱하게 끌어와 장식하고 있다. 키케로의 가장 형편없는 저술에 속한다.

순수하게 토론술을 정립하기 위해서는, 객관적인 진리와는 상관없이 (그거야 논리학의 문제니까) 단순하게 토론술을 '내 말이 옳다고 주장하는 기술'로 보아야 한다. 물론 논쟁을 벌이고 있는 사안 자체에 관해서 내가 옳다면, 내가 옳다고 주장하기는 그만큼 더 쉬울 것이다. 그렇지만 토론술 자체는 모든 종류의 공격으로부터 — 특히 부정직한 공격으로부터 — 자신을 방어하는 방법뿐만 아니라, 나 자신도 스스로 모순되거나 상대방의 공격으로 무너지는 일이 없이 상대방의 주장을 공격하는 방법을 가르쳐주어야 한다. 객관적인 진리를 찾아내는 것과 나 자신의 명제를 옳은 것으로 관철하는 기술, 이 두 가지는 명확하게 구분해야 한다. 전자(객관적 진리의 발견)는 별도의 논문으로 다루어야 할 대상으로, 판단력과 심사숙고와 경험을 요구하는 작업이고, 이를 위해서는 딱히 특별한 기술이 있는 게 아니다. 그러나 후자(내 주장의 관철)야말로 바로 토론술의 목적이다.

사람들은 토론술을 '가상假象의 논리학'이라고 정의했다. 틀린 정의다. 그런 정의에 의하면 토론술은 틀린 명제를 방어하는 데에만 사용되어야 할 것이다. 그렇지만 내 주장이 옳은 경우에도 그것을 방어하려면 토론술이 필요하다. 그리고 여러 가지 부정직한 요령과 상대하기 위해서는 그런 요령을 숙지하고 있어야 한다. 상대방이 쓰는 무기로 상대방을 물리치려면, 바로 그런 요령들을 종종 사용해야 하니까.

이런 까닭에 토론술에 있어서는 객관적인 진리가 도외시되거나 우연한 것으로 간주할 수밖에 없다. 그러니까 나 자신이 주장을 방어하고 상대방의 주장을 무너뜨리는 데에만 전적으로 집중해야 한다. 그리고 이런 때의 규칙들은 객관적인 진리를 고려해야 할 필요가 없다. 논쟁에서는 객관적인 진리가 어느 쪽에 있는지를 대개 알 수 없기 때문이다.[16] 그러니까 자신의 주장이 옳은지 그른지를 자신도 알지 못하는 경우조차 있고, 처음엔 옳다고 생각했다가 갈수록 헤매는 경우도 있으며, 또 양쪽 모두 자신의 주장이 옳다고 믿는 경우도 있다. 왜냐하면 데모크리토스의 말마따나 "진리는 깊숙한 곳에 숨어 있기" 때문이다. 논쟁이 벌어지는 초반에는 대체로 각자가 이렇게 생각한다. "진실은 내 쪽에 있어!" 그러나 논쟁이 진행되면서 양쪽 모두가 차츰 미심쩍어진다. 논쟁이 다 끝나봐야 비로소 진실이 어디에 있는지가 밝혀질 것이다. 그러므로 토론술은 '진실이 어디에 있느냐'에는 별 관심을 두지 않는 거다. 마치 논쟁이 불거져 결투로 이어졌을 때 검술의 달인은 누가 옳은가에 대해서 거의 생각하지 않는 거나 다름없다. 칼로 찌르고 방어하는 것, 오로지 그것만이 문제일 따름이며, 이건 토론술에서도 마찬가지다. 토론술은 정신으로 하는 검술이니까! 순전히 이런 식으로 파악해야만, 비로소 토론술은 하나의 독자적인 학문으로 정립될 수 있다. 왜냐하면 우리가 순수한 보편적 진리를 목표로 삼는 경우, 우리는 그저 논리학 자체로 되돌아가기 때문이다. 이와는 반대로 우리가 거짓된 명제라 할지라도 그것을 관철하겠다는 목표를 세우게 되면, 단순히 궤변론 자체와 마주하게 될 것이다. 그리고 이 두 경우 모두, 객관적으로 무엇이 옳고 그른지를 우리가 이미 알고 있음을 전제로 한다. 그러나 그런 것을 미리 알고 있는 경우란 매우 드물다. 그러므로 토론술의 진정한 개념은 위에서 제시된 바와 같이, 논쟁에서 '내가 옳다는 것을 인정받기 위한' 정신적인 검술이다. 물론 여기서는 '논쟁술'이라는 이름이 더 적절할 것이다. 아니, 가장 적절한 이름은 '논쟁적 토론술'일 것이다. 그리고 토론술은 대단히 쓸모 있다. 요즈음 사람들은 부당하게도 이 토론술을 등한시한 것이다.

자, 이런 의미에서 본다면, 토론술이란 논쟁을 벌이면서 진실이 나에게 있지 않다는 것을 느끼면서도 내 주장이 옳다는 것을 옹호할 때 대부분의 사람이 자연스럽게 터득하여 사용하는 여러 가지 기술(요령)을 체계와 규칙이라는 형태로 모아서 서술한 것이다.

그러므로 학문으로서의 토론술에서 객관적인 진리와 그 진리를 밝히는 데에 관심을 두고자 하는 것은, 원래 설정한 목표에서 벗어나는 일이다. 왜냐하면 그런 일은 원래 자연스러운 토론술에서 일어나지도 않거니와, 토론술의 목적은 단지 '나의 주장이 옳음'을 견지하는 것이기 때문이다. 따라서 우리가 규정한 의미로 볼 때, 학문적인 토론술의 주된 과제는 "논쟁할 때 사용할 정직하지 못한 여러 가지 논쟁의 기술을 제시하고 그것들을 분석하는 것"이다. 그렇게 함으로써 우리는 실제 논쟁을 벌이게 될 때 그런 부정직한 기술들을 금방 알아차리고 또 물리칠 수도 있다. 바로 그 이유로 토론술을 묘사할 때, 보편적인 진리가 아니라 '내가 옳다고 주장하는 것'을 그 최종목표로 삼아야 하는 것이다.

사방팔방 주위를 다 둘러보았건만 나는 이런 의미에서 무슨 업적이 이루어진 예를 지금까지 본 적이 없다.[17] 그러니까 이 분야는 여태 전인미답의 경지라 해도 좋으리라. 따라서 우리가 정한 목표에 이르기 위해서는 모든 것을 경험으로부터 가져올 수밖에 없다. 다른 말로 표현하자면, 사람들과 교류하다 보면 자주 논쟁이 벌어지게 되는데 그런 논쟁의 당사자들은 이런저런 기술(요령)들을 어떻게 사용하는지 주의 깊게 관찰해야 한다. 그런 다음 여러 가지 다른 형태로 반복되는 기술들을 일반화하고, 또 그렇게 하여 몇몇 보편적인 재주 또는 '트릭stratagemata'을 제시해야 한다. 그런 트릭은 나중에 내가 직접 사용할 수 있을 뿐 아니라, 상대방이 그것을 이용하여 나를 공격할 때 그것을 물리치는 데 긴요하게 써먹을 수 있을 것이다.

　본문에서 예로 들었던 38가지 '논쟁의 기술'은 우리가 지켜봐야 할 최초의 시도試圖라고 할 수 있으리라.

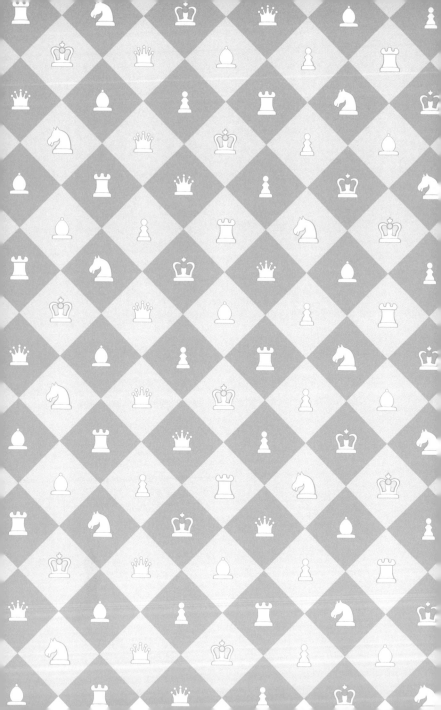

쇼펜하우어 이기는 대화법

부록

Arthur Schopenhauer

1788년 2월 22일

아르투어 쇼펜하우어, 단치히에서 출생. 당시 단치히는 폴란드-리투아니아 연방에 속한 도시였으며, 지금의 폴란드 북부의 항구 도시 그단스크(Gdańsk)에 해당한다. 아버지 하인리히(Heinrich Floris Schopenhauer)는 단치히의 이름 높은 부상富商이었고, 어머니 요하나(Johanna) 역시 독일의 부유한 귀족 가문 출신으로 후일 유명한 작가가 되었다.

1793년

단치히가 프러시아의 일부로 합병되면서 15세기부터 누려오던 자치주의 특권을 잃게 되자, 아버지 하인리히는 자신이 경영하는 단치히의 회사를 그대로 운영하면서 한자동맹도시인 함부르크로 이주했다.

1799년

아르투어는 플루트 연주를 배우기 시작함.

1803~1804년

아버지의 충고에 따라 좀 더 장기적이고 전반적인 교양을 쌓을 목적으로 윔블던에서 영어를 배운 다음 네덜란드, 영국, 프랑스, 스위스, 오스트리아, 슐레지엔, 프로이센 등 유럽 전역을 여행했다.

1805년 4월 20일

아버지 하인리히, 지붕에서 추락하여 사망(자살이라는 설도 있음). 이후 쇼펜하우어는 아버지의 유지를 받들어 2년 동안 물려받은 회사에서 근무하는 따분하고 지루한 세월을 보냈다.

1806년

어머니 요하나는 집필 활동을 추구하기 위해서 여동생 아델레(Adele)와 함께 당시 독일 문학의 중심지였던 바이마르로 옮겨감. 이즈음 그녀가 문을 연 문학살롱에는 괴테를 위시한 독일 문인들이 드나들었다. 함부르크에 혼자 남은 아르투어, 장래의 진로를 고민하고 스스로 결정한다.

1807년

아르투어는 Saxe–Gotha–Altenburg에 있는 고타 김나지움(Gymnasium Illustre in Gotha)에서 학업에 정진했으나, 스승 가운데 한 사람이 가차 없이 비웃음을 당하는 모습에 실망을 느끼며 떠났다.

1809년

괴팅언대학에 입학. 여기서 아르투어는 고틀롭 에언스트 슐체(Gottlob Ernst Schulze)의 지도 아래 형이상학과 심리학을 배웠으며, 플라톤과 칸트 연구에 심취하게 된다.

1809년

불행하게도(!) 여배우이자 오페라 가수이며 11살 연상인 카롤리네 야거만(Karoline Jagemann)과 사랑에 빠짐. 지금까지 전해오는 아르투어의 유일한 연가는 바로 그녀를 위해 쓴 것이었다.

1811~1812년

베를린에서 칸트 이후의 탁월한 철학자인 요한 고틀립 피히테(Johann Gottlieb Fichte)와 신학자인 프리트리히 슐라이어마허(Friedrich Schleiermacher)의 강의를 들었고, 후일 피히테의 강의를 약 200쪽 분량으로 정리했다.

1813년 10월 2일

예나 대학에서 〈충족이유율의 네 겹의 뿌리에 관하여〉라는 청구논문으로 우등(magna cum laude)의 성적과 함께 철학박사 학위를 획득함. 같은 해 여름 루돌슈타트라는 마을의 어느 여관에 머물면서 완성한 작품으로 알려져 있다. 이 작품을 먼저 읽은 사람들 가운데 당시 어머니의 살롱을 드나들고 있었던 요한 볼프강 폰 괴테가 있었다. 그때 자신의 색채론〈Farbenlehre〉을 구체화하는 중이었던 괴테는 이후 쇼펜하우어와 자주 만났으며, 그의 학식에 놀라움을 표하기도 했다. 그러나 뉴턴의 견해에 어긋나는 괴테의 이론에 쇼펜하우어가 의구심을 표명하면서 둘 사이의 관계는 소원해졌다.

널리 알려진 바와 같이 아르투어는 어머니 요하나와 대단히 껄끄러운 관계를 유지했다. 어머니는 위에서 설명한 아들의 박사학위 논문을 두고 '도무지 이해할 수 없는 책'이며 '누구도 살 것 같지 않은 책'이라고 했다. 이에 분개한 아르투어는 어머니가 쓴 "쓰레기 같은" 글들이 완전히 잊힌 다음에도 자신의 책은 오래오래 읽힐 거라고 응수했다. 사실 어머니의 책들은 꾸준히 잘 팔렸기 때문에, 브록하우스Brockhaus 출판사는 그녀의 글이 지닌 품질은 미심쩍다고 하면서도 존경의 태도를 견지했다. 한스 브록하우스는 이렇게 회고했다. "쇼펜하우어의 어머니가 아들의 작품을 들고 왔을 때 그 원고가 무슨 이야기를 하려는 것인지 도무지 알 수 없었으나, 다만 베스트셀러 작가의 아들이 쓴 것이니 어머니를 봐서 출간해주자는 심사였다. 그런데 그 후 시간이 흐를수록 아들의 작품을 더 많이 펴내게 되었고, 이젠 어머니를 기억하는 사람은 없어도, 아들의 작품에 대한 수요는 꾸준하여 우리 출판사의 명성에 크게 기여하고 있다." 한스 브록하우스는 새로 들어오는 편집자들의 의식 고양을 위해서 라이프치히에 있는 자신의 사무실에다 이 두 사람의 초상화를 늘 걸어두고 있었다.

1814년

동양학자 마이어로부터 뒤페롱이 번역한 《우파니샤드 *Upanishads*》를 소개받아 읽음으로써 인도철학의 '세례'를 받게 됨. 어머니와 관계가 싸늘해지면서 드레스덴으로 이주하여, 여기서 문학 서클로 다시 들어가 도시의 풍부한 학술 자료와 도서관들을 이용해서 학문에 정진했다. 이 해에 그의 대표작인 《의지와 표상으로서의 세계 *Die Welt als Wille und Vorstellung*》를 집필하기 시작, 이 책은 4년이란 시간이 걸린 끝에 1818년 12월 브록하우스를 통해 출간되었다.

1816년

괴테와의 교류에서 자극을 받아 《시각과 색채에 관하여 *Über das Sehn und die Farben*》라는 제목으로 자신만의 색채론을 펴냈다.

1818년 9월

이탈리아의 베네치아, 로마, 나폴리, 밀라노 등지로 여행을 떠남. 그러나 도중에 아버지가 이사 겸 주주로 있던 단치히 회사의 파산 소식을 접하고, 상황을 직접 처리하기 위해서 여행을 포기하게 됨. 이 사건은 어머니와의 긴장된 관계가 다시 표면화되는 계기가 되었다.

1819년 초

《의지와 표상으로서의 세계》750부가 출간됨. 이 시점에서 쇼펜하우어는 자신의 작업이 지니는 정신사적 의미를 확신하게 되었지만, 상업적으로 봤을 때 전망이 어둡다는 것도 알고 있었다. 이 작품의 초판은 6년 동안 겨우 600부가 판매되었고, 후일 상당한 개정을 거쳐 증보판이 나왔다. 한편 같은 해 드레스덴에서 한 가정부와의 혼외정사로 딸을 가지게 되나, 같은 해에 딸이 사망했다.

1820년

재정적인 어려움 을 타개하기 위해서 새로이 설립된 베를린 대학의 강사로 학생들을 가르치기 시작한다. 그는 자신이 "어설픈 돌팔이"라고 불렀던 철학자 헤겔과 같은 시간대에 강의를 편성하는 '만용(!)'을 부렸으나, 겨우 다섯 명의 학생이 교실에 나타난 것을 보고 학계와는 영원히 결별을 선언한다. 마침 단치히의 회사가 자신의 요구대로 금전적인 문제를 해결해주자, 그는 곧바로 교직을

박차고 나와 다시 이탈리아 여행길에 오른다. 후일 그는 '대학의 철학 교육에 관하여'라는 에세이를 통해 학계에서 이루어지는 작업에 대한 자신의 울분을 적나라하게 표출했다.

1821년

방년 19세의 오페라 가수 카롤리네 리히터(Caroline Richter)와 사랑에 빠짐. 쇼펜하우어가 메돈(Medon)이라는 애칭으로 불렀던 그녀와의 연애는 수년 간 계속되었지만, 끝내 결혼은 하지 않았다.

1825년 4월

뮌헨, 드레스덴, 바트 가슈타인 등지에서 오래 머물러왔던 쇼펜하우어는 다시 베를린으로 돌아와 대학에서 강의할 기회를 다시 한 번 얻었다. 《의지와 표상으로서의 세계》가 일부 학자들의 모임 등에서 토론의 대상이 되곤 했지만, 그의 사상은 여전히 별로 큰 반향을 일으키지 못하고 있었다.

1831년

43세의 아르투어는 26살이나 연하인 플로라 바이스(Flora Weiss)에 사랑을 고백했으나, 그녀의 일기에 의하면 거절당했다.

1831년

베를린 일대에 콜레라가 창궐하자, 아르투어는 베를린을 버리고 떠났다. 반면 헤겔은 베를린에 남았다가 콜레라의 희생자가 된 것으로 알려졌고, 관계를 유지하고 있던 카롤리네 리히터는 당시 아홉 살인 아들을 베를린에 남겨두고 따라오라는 쇼펜하우어의 요구를 거절했다. 이로써 두 사람은 결국 인연을 끊게 되었다.

1833년 7월

1년간 만하임에서 생활한 다음 다시 프랑크푸르트로 돌아와 정착하면서 유럽문학과 과학을 폭넓게 연구했다. 이후 27년 동안 아트만(Atman)과 부츠(Butz)라는 이름의 애완견을 키우면서 여생을 보내게 된다. 이 기간에 그가 썼던(특히 '나이 먹음'에 관한 글들을 포함하여) 수많은 짧은 글들은 그의 사후 《늙은이의 말 Senilia》이라는 제목으로 출간되었다.

1836년

오랜 침묵 끝에 쇼펜하우어는 자신의 작품 《자연에서의 의지에 관하여 Über den Willen in der Natur》로써 다시 세간의 주목을 받기 시작했다.

1837년

칸트의 저술을 집대성하는 작업에 참여했다. 여기서 《순수이성비판》의 제2판 대신에 초판을 채택해야 한다는 그의 의견이 받아들여졌다.

1838년

어머니 요하나 사망.

1839년

현상논문〈인간 의지의 자유에 관하여*Über die Freiheit des menschlichen Willens*〉로 왕립 노르웨이 과학원에서 논문상 수상.

1840년

왕립 덴마크 과학원의 현상논문 모집에 〈도덕의 기초에 대하여*Über das Fundament der Moral*〉를 제출했으나 아깝게도 탈락했다.

1841년

노르웨이와 덴마크 과학원에 응모했던 두 개의 논문을 모아 〈윤리학의 두 근본 문제*Die beiden Grundprobleme der Ethik*〉라는 제목으로 출간.

1843년

프리트리히 도어구트(Friedrich Dorguth)가 〈관념실재론의 그릇된 뿌리*Die falsche Wurzel des Idealrealismus*〉라는 글에서 당시만 해도 무명에 가까웠던 쇼펜하우어를 '세계사적인 의미를 지닌 사상가'

로 지목하면서 학계의 관심을 호소함. 이런 인연으로 쇼펜하우어는 도어구트를 자신의 '원조元祖전도사(Urevangelist)'라고 불렀다.

1844년

25년 전에 발표했던 자신의 주저 《의지와 표상으로서의 세계》에 50개의 챕터를 추가하여 두 권의 책으로 된 제2판을 브록하우스에서 출간.

1847년

34년 전 예나대학의 박사학위 청구논문인 "충족이유율의 네 겹의 뿌리에 관하여"를 확장–보강하여 출간.

1848년

프랑스혁명 이후 쇼펜하우어의 염세주의와 금용주의가 유럽에서 각광을 받았다.

1851년

2권으로 이루어진 그의 대표적인 에세이집 《소품과 부록die Parerga und Paralipomena》 및 《삶의 지혜를 위한 잠언Aphorismen zur Lebensweisheit》 등이 출간됨. 이후 10년 동안 쇼펜하우어는 마침내 강인한 성품과 우수한 필력을 모두 갖춘 독일의 대표 철학자라는 명성을 획득하게 되었디.

1859년

주저 《의지와 표상으로서의 세계》 제3판 출간. 애완견이 말썽을 부리면 '인간'이라 부를 정도로 염세주의자로 알려진 쇼펜하우어는 이 해 여름 물에 빠진 아홉 살짜리 소년을 구해줌. 베를린 왕립과학원이 그의 생애 최초로 때늦게 회원으로 초빙했으나 쇼펜하우어는 거절했다.

1860년

상당히 건강한 체질이던 쇼펜하우어가 쇠약해지기 시작했다.

1860년 9월 21일

폐렴 증세를 보인 지 한 달도 채 되지 않아 거실 소파에 앉은 채로 폐 및 호흡기관 부전으로 사망했다. 향년 72세. 9월 26일 프랑크푸르트 공동묘지에 안장되었다.

1864년

사후 처음으로 38가지 논쟁의 기술을 담은 《논쟁적 토론술 *Eristische Dialektik*》 출간. 바로 지금 여러분이 읽고 있는 이 책의 원전이 되는 작품이다.

미주

1   상대방의 명제는 의심할 여지도 없는 진리와 모순되고, 따라서 나는 상대방을 '부조리 혹은 자가당
    착' (ad absurdum)에 빠지도록 유도한 셈이 된다.

2   3세기 초 조로아스터교와 불교, 기독교의 교리를 섞어 만든 이원론적 종교. 지역적 특색에 맞게 다
    양한 해석이 가능했기 때문에 빠른 시간에 널리 퍼졌으나, 위기를 느낀 기독교에 의해 이단으로 몰
    리며 박해 끝에 소멸했다 — 옮긴이.

3   예수 그리스도는 하나님도 아니고 인간도 아닌 그 중간 어디쯤의 존재라고 주장하며 삼위일체 사
    상을 부인하는 기독교의 이단적 사상 — 옮긴이.

4   5세기 초 로마에 살았던 영국 수도사 겸 신학자인 펠레기우스가 주장한 사상. 원죄론을 부정하고
    하나님이 인간에게 명령한 것은 인간의 의지로 모두 가능하므로, 누구든 원하기만 하면 죄를 짓지
    않고 살 수 있다며 우유부단한 기독교인들에게 도덕적 노력을 촉구했다 — 옮긴이.

5   개신교 일파인 회중파   교회를 창시한 영국의 종교가 로버트 브라운이 주장한 사상 — 옮긴이.

6   '상대적인 진술을 보편적인 진술로 바꾸어버리는 궤변' (Sophisma a dicto secundum quid ad
    dictum simpliciter)을 가리킨다. 이것이 바로 아리스토텔레스가 말한 두 번째 궤변(elenchus
    sophisticus)이다. 가설이나 이론의 형성에 관계없이 궤변을 사용한 반박은 다음과 같이 이루어진
    다. 즉, 보편적으로 진술한다든지, 보편적이 아니라 어떻게 어디서 어떤 조건으로 제한되어, 혹은
    상대적으로 무언가를 진술하는 것이다. (아리스토텔레스의 〈궤변적인 논박〉 제5장)

7 의도적으로 고안해낸 예는 절대로 누군가를 속일 수 있을 만큼 섬세하지 못하다. 그렇기 때문에 그런 예는 현실에서 실제로 경험하는 것들로부터 모아야 한다. 이 책에 나오는 논쟁의 기술 하나하나에 전부 짧막하고 적절하며 안성맞춤인 이름을 갖다 붙일 수 있으면 더할 나위 없이 좋으련만. 그렇게 되면 그런 이름을 이용해서 해당되는 경우에 상대방이 이런저런 기술을 사용한다고 즉각적으로 묵살해버릴 수있을 것 아닌가.

8 이 부분이 원래 토론술의 시작 부분이다.

9 고대 사람들은 논리학과 토론술을 대체로 동일한 의미로 사용했다. 이는 근대의 사람들에게도 마찬가지다.

10 논쟁술은 똑같은 것에 대한 좀 더 강한 표현이라 할 수 있다. 디오게네스에 의하면 아리스토텔레스는 수사학과 토론술을 같은 지위에 놓고 그 둘의 목적을 설득으로 봤으며, 이어 분석학과 철학을 동일한 지위에 놓은 다음 그 둘의 목적은 진리에 있다고 했다. "토론술은 우리가 대화를 하면서 질문과 답변의 방식으로 어떤 주장을 하거나 상대의 주장을 반박할 때 사용하는 말하기 기술이다." [디오게네스 라에르티우스,《플라톤의 생애 *vita Platonis*》] 그런가하면 아리스토텔레스는 (1) 논리학이라든가 분석학을 참된 (의심의 여지가 없이 필연적인) 결론을 내리기 위한 이론 혹은 사용법으로 규정하고 (2) 토론술은 참이라고 간주되는 결론을 — 물론 이때 결론이 그 자체로서 참인가 거짓인가는 확정되지 않기 때문에 — 이끌어내려는 사용법으로 규정함으로써, 이 둘을 구별하였다. 그렇다면 이것은 내가 옳든 옳지 않든 상관없이 내가 옳다고 주장하는 기술이 아니고 무엇이란 말인가? 이렇듯 토론술은 진실의 여부와는 관계없이 옳다는 겉모습을 확보하는 기술이 아니겠는가. 처음에 말한 바와 마찬가지로 말이다.

사실 아리스토텔레스는 방금 위에서 말했듯이 두 가지 다른 결론을 구분한 다음, 이어 (3) 논쟁적인 결론을 규정했다. 이 경우 결론의 형태는 옳지만 여러 가지 명제 자체, 즉 질료는 참이 아니라 참으로 보일 뿐이다. 그리고 마지막으로 언급한 것이 (4) 궤변적 결론인데, 이 결론의 형태는 사실 거짓이면서도 참인 것 같은 외관을 지닌다. 그렇게 4가지로 구분했다.

이 중 (2) (3) (4)는 본디 '논쟁적 토론술'에 속한다. 왜냐하면 이 세 가지는 모두 객관적 진리를 목표로 삼지 않고, 그와는 상관없이 객관적 진리의 겉모습, 그러니까 옳다고 우기는 것을 목표로 하기 때문이다. 궤변론적인 결론들을 다룬 책도 한참 뒤에야 따로 출간되었는데, 그것이 토론술에 관한 마지막 책이었다.

11 마키아벨리는 군주에게 주문한다. 주변에 있는 사람의 약점을 매순간 이용하여 그를 공격해야 한다고. 그렇게 하지 않으면 그 주변의 사람이 그 군주의 약해진 틈을 언젠가 이용할 수 있기 때문이다. 물론 신의와 정직이 지배한다면야 상황은 다를 것이다. 그렇지만 현실적으로 사람들이 그런 상황을 기대할 수도 없고 실행할 수도 없는 것이, 만약 그런 식으로 행동했다가는 거기서 얻는 대가가 참 형편없을 것이기 때문이다.

논쟁의 경우도 이와 꼭 마찬가지다. 그러니까 상대방의 주장이 옳은 것처럼 보이자마자 내가 곧장 상대방에게 항복을 해버린다고 해도, 입장이 서로 바뀌면 상대방이 나와 똑같이 행동하지는 않을 것이다. 오히려 그는 부당한 수단을 동원해서라도 맞설지 모르는 노릇이다. 그러므로 나 역시 그런 식으로 행동할 수밖에 없는 것이다.

인간은 대저 자신의 명제에 대한 편견을 버리고 오로지 진리만을 추구해야 한다고 한다. 말이야 쉽지! 그렇지만 다른 사람들도 나처럼 행동해주리라고 전제할 수는 없는 일이다. 따라서 우리는 그렇게 해선 안 된다. 그뿐인가, 상대방의 주장이 옳은 것처럼 보인다고 해서 오랜 시간을 두고 곰곰 생각해서 얻었던 나의 명제를 포기해버리려 한다면, 한 순간의 인상에 빠져서 진리를 버리고 오류를 받아들일 가능성조차 있는 것이다!

12 "타고난 재능이 빛을 보게 만드는 건 무엇보다 교육이라네!" 호라티우스 《서정시집 *Carmina*》 4권

13 다른 한편, 아리스토텔레스는 자신이 저술한 《궤변론》에서 궤변론과 논쟁술로부터 토론술을 분리해내려고 다시 한 번 상당한 노력을 기울이고 있다. 여기서 그는 둘 사이의 차이점을 어떻게 밝혔느냐 하면, 토론술적인 결론들은 그 형식이나 내용에 있어서 참이지만, 논쟁술과 궤변론의 결론들은 거짓이라고 했다. (여기서 논쟁술과 궤변론은 오로지 그 목적에 따라 구별된다. 《논쟁술》의 경우는 '내가 정당하다'는 주장 자체가 목적인 반면, 《궤변론》에 있어서는 궤변을 통해서 얻을 수 있는 명성이라든지 그 명성이 가져다주는 돈이 그 목적이다.)

그런데 이런저런 명제가 내용에 있어 옳은가 거짓인가의 여부는 언제든지 너무나 불분명하다. 따라서 우리는 그것으로부터 구분의 토대를 가져와서는 안 된다. 게다가 논쟁하는 사람 자신은 명제가 참이냐의 여부에 대해서 확신을 갖기가 가장 어려운 입장에 놓인다. 심지어 논쟁의 결과조차도 그것에 대해서는 그저 위태위태한 해명을 줄 뿐이다.

따라서 우리는 아리스토텔레스의 토론술 범주에다 궤변론, 논쟁술, 파이라스틱[토론술의 기교 중 한 가지_옮긴이] 같은 것들도 포함시켜야 할 것이며, 이 토론술을 논쟁에서 '내가 옳다'고 할 수 있는 기술이라고 정의해야 할 것이다. 이럴 때 물론 가장 훌륭한 보조수단은 다른 무엇보다 논쟁의 사안 자체에서 옳은(정당성을 갖는) 것이다. 하지만 인간의 기질에 비추어볼 때 '옳다'는 그것만으로는 충분하지 않으며, 다른 한편으로 인간의 이성이란 게 얼마나 나약한가를 생각하면 꼭 필요한 것도 아니다. 그렇기 때문에 논쟁에서 내가 옳다는 걸 주장하려면 그와는 다른 여러 가지 '기술'이 요구된다. 이런 기술들은 객관적인 옳고 그름과는 무관하기 때문에, 내가 객관적으로 봐서 틀린 경우에도 사용될 수 있다. 게다가 객관적인 옳고 그름의 여부조차 거의 알 길이 없으니 어쩌겠는가.

그러므로 나의 의도는 아리스토텔레스보다 훨씬 더 엄준하게 토론술과 논리학을 구분하여, 논리학에는 객관적인 진리를 ― 이 진리가 형식에 관한 것인 한 ― 부여하고, 토론술은 '옳음을 주장하는 것'에 국한시키자는 것이다. 하지만 나는 이에 반해서 아리스토텔레스가 했던 것처럼 궤변론 및 논쟁술을 토론술과 구별 짓지는 않으려 한다. 왜냐하면 이러한 구분은 우리가 미리 분명하게 알 수 없는 객관적이고 물리적인 진실에 기반을 두기 때문이다. 오히려 폰티우스 필라투스와 더불어 이렇게 말해야 할 것이다. [Pontius Pilatus는 1세기 초 로마령 유대의 총독으로 예수에게 유죄판결을 내린 사람이다. 흔히 성경에 본디오 빌라도로 불리는 인물_옮긴이] "진리란 무엇인가?" 진리는

깊숙한 곳에 숨어 있기 때문이다. 《디오게네스 라에르테스》 제9장 데모크리토스의 금언)

논쟁을 할 때면 진실을 밝혀내는 것 이외에는 다른 목적이 없어야 한다는 걸 말로 하기는 쉽다. 하지만 우리는 그 진실이 어디에 있는지를 아직 모른다. 상대방의 논거와 내 자신의 논거에 의해서 미혹되기 쉬우니까 말이다.

그건 그렇고 논의되고 있는 사안 자체를 또렷이 이해하고 있으면, 그것을 말로 표현하기란 그리 어렵지 않다. 다시 말해서 사람들이 토론술이라는 이름을 대체로 논리학과 똑같은 의미로 받아들이는 경향이 있기 때문에 나는 이 분야를 논쟁적 토론술이라고 부르고자 한다.

14 우리는 언제나 한 가지 학문의 대상을 다른 개개 학문의 대상과 깔끔하게 구분해야 한다.

15 그렇지만 개념 역시 종과 속, 원인과 결과, 속성과 반대속성, 소유와 결핍 등등의 특정한 분류 등급(클래스) 아래 집어넣을 수 있다. 그리고 이렇게 분류하는 데에는 몇 가지 보편적인 규칙이 적용된다. 바로 이런 규칙들을 우리는 '토포스'라고 부른다.

예를 들어서 원인과 결과의 토포스를 보기로 하자. 크리스티안 볼프가 그의 《존재론》에서 말했던 것처럼 "원인의 원인은 결과의 원인이다."라는 명제를 응용해본다면 이렇게 말할 수 있다. "내 행복의 원인은 나의 부 이다. 따라서 내게 부를 선사한 사람도 내 행복의 원인이다."

대비 의 포스트에는 어떤 것들이 있을까? (1) '곧은'과 '굽은'처럼 이것들은 서로를 배척한다. (2) 이것들은 동일한 주제 안에 들어 있다. 예컨대 사랑의 터전이 의지에 있다면, 증오 역시 그 터전은 의지에 있다. 반대로 증오의 터전이 감정 속에 있다면, 사랑 또한 그 터전은 감정에 있다. 영혼이 흰색일 수 없다면, 검은색일 수도 없다. (3) 상대적으로 더 낮은 정도가 없다면, 상대적으로 더 높은 정도도 없다. 예컨대 올바르지 못한 인간이라면 호의적일 수도 없다.

여기서 여러분은 토포스가 개념들의 모든 분류 전체에 관련된 몇 가지 보편적인 진리임을 알 수 있으리라. 즉, 우리는 그때그때 경우마다 이 보편적인 진리에 기대어 우리의 논거를 형성하고, 또 보편적으로 명백한 증거로서 그런 진리를 언급(인용)할 수 있다.

하지만 대부분의 토포스는 상당히 기만적이며 아주 많은 예외를 허용하기도 한다. 예를 들어서 이런 토포스가 있다. "대립되는 것들은 대립되는 관계를 갖는다. 예컨대 미덕은 아름답고 악덕은 증오스럽다. 우정은 호의적인 관계이고 적대는 악의적인 관계이다." 그렇지만, 잠깐, 이런 경우는 어떨까? "낭비는 악덕이다. 그러므로 인색함은 미덕이다. 바보들은 진실을 말한다. 따라서 현명한 자들은 거짓을 말한다." 이런 것은 말이 되질 않는다. 혹은 "죽음은 사라지는 것이다. 따라서 삶은 생성되는 것이다." 이것 역시 틀렸다.

이러한 토포스의 기만성에 관해서는 어떤 예가 있을까?

스코투스 에리우게나는 《예정론》 제3장에서 이단자 들의 견해를 반박하고자 한다. 그러니까 저들은 신이 선택된 자들에게는 구원을 예정하고, 타락한 자들에게는 저주를 예정했다는 가정 아래, 다음과 같은 토포스를(이 토포스가 어디에서 온 것인지는 하나님만이 아실 터이다) 이용했다는 것이다. "서로 대립하는 모든 것들의 경우, 각각의 원인 또한 서로 대립할 수밖에 없다. 왜냐하면 동일한 하나의 원인이 서로 다른 결과나 서로 대립되는 결과를 가져오는 일은 이성에 의해 금지되기 때문이다." 정말 그럴까? 열이라는 동일한 원인이 진흙은 단단하게 만들고 밀랍은 녹여버린다는 사실을 우리는 경험으로 알지 않는가! 그 외에도 비슷한 예는 수없이 많지 않은가! 그럼에도 불구하고 이 토포스는 그럴듯하게 들린다. 스코투스 에리우게나 역시 그런 토푸스의 근거 위에다 차분하게 실증을 쌓아올리고 있다. 이에 대해서는 더 이상 언급할 필요가 없으리라.

프란시스 베이컨은 《좋은 색깔 나쁜 색깔》이라는 제목 아래 여러 가지 토포스에 관한 방대한 컬렉션을(그런 토포스에 대한 반박과 함께) 편찬하였다. 이것들은 여기서 예로 사용할 수 있을 것이다. 그는 그런 토포스를 궤변(Sophismata)이라고 부른다. 《향연》에서 아가톤이 사랑에다 아름다움이나 선 같은 온갖 훌륭한 속성을 부여하자, 이를 반박하기 위해서 소크라테스가 사용했던 논거 역시 하나의 토포스로 볼 수 있다. "누가 무엇인가를 구한다면, 그는 그것을 갖고 있지 않다는 뜻이다. 즉, 사랑이 아름다움과 선을 구한다면, 사랑에는 그런 속성이 없다는 얘기다."

모든 경우에 적용할 수 있는 보편타당한 진리, 즉 각각 서로 너무나도 다른 모든 경우에 ― 각각의 특별한 점을 자세히 들여다보지도 않고서 ― 잣대로 사용할 수 있는 보편타당한 진리가 존재한다는 것은 그저 그럴듯하게 들리는 가상일뿐이다. (상호보완의 법칙은 대단히 훌륭한 토포스다.) 실제로 그런 일은 없다. 왜냐하면 개념이란 차이의 추상화를 통해서 생겨난 것이어서 엄청난 상이성을 포용하기 때문이다. 개념이라는 방법으로 서로 상당히 다른 종류의 것들을 나열해놓고, 상위 개념들을 통해서만 하나하나를 결정해야 하는 경우, 이런 상이성은 다시 두드러지게 나타난다. 우리가 논쟁을 벌이는 경우, 궁지에 몰리게 되면 물론 어떤 하나의 보편적인 토포스 덕분에 그런 궁지에서 벗어날 수 있다.

토포스는 자연의 효율성에 관한 법칙이다. 자연은 결코 아무런 근거 없이 행하지 않는다는 법칙이다. 그렇다, 모든 금언들은 실용적인 의도를 지닌 토포스다.

16   두 사람이 열띤 논쟁을 펼치다가 논쟁이 끝난 뒤에는 각자 (자신의 의견이 아니라) 상대방의 의견을 갖고 집으로 돌아가는 경우도 허다하다. 애당초의 생각을 서로 교환한 셈이다.

17   디오게네스 라에르티우스에 의하면, 지금은 모두 상실되어 없어진 테오프라토스(Theophratos)의 수많은 수사학적 저술 가운데 《실용 논쟁술 교본   》이라는 제목의 작품이 있었다고 한다. 그거야말로 우리가 다루고자 하는 것이 아니겠는가.

옮긴이 권 기 대

영어 /독어 /불어 원서를 우리말로 옮기는 작업에서 끊임없는 황홀감과 도전의식을 만끽하는 창의적인 번역가 겸 경제-경영 도서를 꾸준히 펴내는 저자. 인문, 철학, 역사는 물론이거니와 순수문학, 경제·경영 및 자녀교육 장르의 책도 많이 번역했으며, 최근에는 『2024 비즈니스 트렌드 코리아』, 『챗GPT 혁명』, 『최신경제용어해설』 등을 직접 저술해 관심을 끌었다.

서울대학교 경제학과를 졸업한 후 미국의 모건은행에서 비즈니스 커리어를 시작했으나 오래지않아 금융계를 떠났고, 거의 30년간 미국, 호주, 인도네시아, 프랑스, 독일, 홍콩 등을 편력하며 서양문화를 흡수하고 동양문화를 반추했다. 젊은 시절의 대부분을 보낸 홍콩에서는 다양한 매체의 영화평론가로 활약했고, 예술영화 배급에 종사하기도 했다.

번역한 영미 도서로는 베스트셀러 『덩샤오핑 평전』(2004), 부커상 수상 소설 『화이트 타이거』(2008), 한국학술원 우수도서로 선정된 『부와 빈곤의 역사』(2008)를 위시하여 『살아있는 신』(2010), 『첼시의 신기한 카페로 오세요』(2015), 『다시 살고 싶어』(2014), 『아이는 어떻게 성공하는가』(2013) 등이 있고, 불어 도서로는 르노도상 수상작인 『샬로테』(2016), 앙드레 지드의 장편소설 『코리동』(2008), 『어바웃 타임』(2015) 등을 들 수 있으며, 독일어 서적으로는 페터 한트케의 『돈 후안』(2005)과 『신비주의자가 신발끈을 묶는 방법』(2005) 등이 있다. 어린이를 위한 그림책 『괜찮아 그래도 넌 소중해』, 『내 친구 폴리 세계평화를 이룩하다』, 『병아리 100마리 대소동』, 『달님이 성큼 내려와』 등 다수를 번역하였다.

항상 옳을 순 없어도 항상 이길 수는 있습니다

초판 인쇄 2023년 11월 30일
초판 발행 2023년 12월 10일

지은이 아르투어 쇼펜하우어
옮긴이 권기대

펴낸이 권기대
펴낸곳 주식회사 베가북스

출판등록 2021년 6월 18일 제2021-000108호

주소 (07261) 서울특별시 영등포구 양산로17길 12, 후민타워 6층, 7층
주문 및 문의 02)322-7241 **팩스** 02)322-7242

ISBN 979-11-92488-56-1 (03190)